変わる相続・事業承継の仕組みと実務

相続法改正と銀行実務 Q&A

弁護士 **柴原　多**
弁護士 **俣野紘平** 編著

銀行研修社

は し が き

　今般、わが国の相続法制が、昭和55年以来約40年ぶりに大幅改正されることとなった。

　本書は、主に事業再生・事業承継の実務に携わる中で、今回の相続法の改正の要点について、金融機関をはじめとする事業承継に携わる実務家の皆様との間に共通言語を形成することを念頭において執筆したものである。

　今回の相続法の改正では、①配偶者の居住権を保護するための方策の採用、②遺産分割等に関する見直し、③遺言制度に関する見直し、④遺留分制度に関する見直し、⑤相続の効力等に関する見直し、⑥相続人以外の者の貢献を考慮するための方策の採用がなされており、その内容は多岐にわたる上、実務への影響の大小も様々である。

　この点、所有と経営が分離していない中小企業にとっては、経営者の個人資産も事業の存続に必要不可欠である。このため、特に中小企業の事業承継の場面においては、経営者の個人資産を次世代に円滑に承継させることが必須であり、また、場合によっては、事業を存続させるために、承継した資産を迅速に事業に投入しなければならない場面もあることはいうまでもない。

　そのような場面において、今回の相続法改正を踏まえたわが国の相続法制の枠組みを事業承継に携わる関係者があらかじめ理解しておくことは、迅速かつ合理的な話し合いを進める上で不可欠であり、わが国の喫緊の課題である事業承継の問題を解決していくことにも資するものと思われる。

このため、本書では、第1章において、今回の相続法改正の経緯及び概要に触れた上で、第2章において、事業承継の観点から金融機関をはじめとする事業承継に携わる実務家の皆様に是非知っておいて頂きたい事項を先にとりまとめることとし、今回の法改正の網羅的解説は、第3章以下に記載する構成とした。

　本書が金融機関をはじめとする事業承継に携わる実務家の皆様との間で共通言語を形成するものであり、もってわが国の喫緊の課題である事業承継にまつわる問題を共に解決してゆくことの一助となれば幸いである。

2018年11月

柴原　多／俣野紘平

目　　次

第 1 章　相続法制改正の概要

Q 1　わが国の相続法制はどのようなものなのか ················· 10

Q 2　なぜ相続法の改正が必要とされたのか ················· 13

Q 3　相続法制改正の概要とスケジュールはどのようなものか ········· 15

Q 4　今回の相続法改正がなされると銀行業務には具体的にどのような影響があるのか ················· 22

第 2 章　銀行実務から見た改正の要点

Q 5　相続預金払戻請求時の注意点は何か ················· 26

Q 6　遺言による相続手続と自筆証書遺言の確認方法はどのようにするのか ················· 30

Q 7　今回の相続法改正は事業承継と銀行実務にどのような影響を与えるのか ················· 34

第 3 章　配偶者の居住権を保護するための方策

Q 8　配偶者の居住権を短期的に保護するための方策とは何か ········· 54

Q 9　配偶者短期居住権はどのような内容の権利なのか ············ 56

Q10　配偶者の居住権を長期的に保護するための方策とは何か ········· 59

Q11　配偶者居住権はどのような内容の権利なのか ··············· 63

Q12　配偶者居住権は不動産に関する相続実務にどのような影響を与えるか ················· 66

Q13　配偶者居住権の有無はどこで確認するのか ··············· 68

3

第4章　遺産分割に関する見直しと金融機関実務

Q14 遺産分割の対象となるものは何か……………………………… 72

Q15 持戻免除の意思表示の推定とは何か……………………………… 77

Q16 平成28年判例とは何か……………………………………………… 82

Q17 平成28年判例によって共同相続開始後の預貯金債権は共同相続人にどのように帰属すると解されることとなったか………… 86

Q18 平成28年判例を受けて、被相続人が死亡した場合、相続預貯金の払戻はどのようにすればよいか………………………………… 88

Q19 被相続人が死亡したが、金融機関がその死亡を知らずに相続預貯金の払戻をした場合にはどうなるのか……………………… 89

Q20 預貯金債権の準共有持分を差し押さえることはできるか……… 91

Q21 金融機関が被相続人に対して貸付債権を有していた場合に、共同相続人の預貯金債権の準共有持分と相殺をすることができるか…………………………………………………………………… 94

Q22 平成28年判例による判例変更によって仮分割の仮処分の要件が変わったのか………………………………………………… 96

Q23 仮分割の仮処分の手続の進め方はどのようなものか…………… 99

Q24 仮分割と本分割（遺産分割審判の結論による分割）の判断が異なった場合に払戻は有効となるのか…………………………… 102

Q25 預貯金の「仮払制度」とは何か………………………………… 103

Q26 「仮払制度」に基づく相続預金の払戻請求権は、それ自体で譲渡、差押をすることが可能なのか…………………………… 104

Q27 銀行窓口では「仮払制度」利用者に対して何を確認すればよいか…………………………………………………………………… 106

Q28 「仮払制度」の設計上の問題点としてはどのようなものがある
のか………………………………………………………………………… 107

Q29 遺産の一部分割をすることは認められるか ……………………… 109

Q30 相続開始後遺産分割前に共同相続人の一人が遺産に属する財
産を処分した場合には、遺産分割においてどのような不都合
が生じるのか ………………………………………………………… 111

Q31 今回の相続法改正において、共同相続された相続財産につい
て相続開始後遺産分割前に共同相続人の一人が遺産に属する
財産を処分した場合に生じる不公平はどのように解消された
のか……………………………………………………………………… 115

Q32 共同相続人の一部が口座凍結前に預金の払戻をした場合に、
その払戻の効果はどうなるのか ………………………………… 117

Q33 民法906条の2と「仮払の制度」との関係はどのように考え
ればよいのか ………………………………………………………… 119

Q34 金融機関は、仮払を請求する相続人について、勝手払により
払戻を受けたかどうかの確認をする必要があるか……………… 121

第5章　遺言制度に関する見直し

Q35 自筆証書遺言の方式の見直しの概要はどのようなものか……… 124

Q36 改正法の施行日である2019（平成31）年1月13日より前に作
成された自筆証書遺言の取扱と注意点はどのようなものか…… 129

Q37 金融機関として遺言書の確認をしておくべきポイントはどの
ようなものか ………………………………………………………… 130

Q38 自筆証書遺言の保管制度とは何か……………………………… 131

Q39 銀行窓口での自筆証書遺言の法務局保管の場合とそれ以外の
場合の確認方法はどうなるのか……………………………………… 134

Q40 検認済証明書、遺言書情報証明書、遺言書保管事実証明書は
どのように取得するのか……………………………………… 135

Q41 遺贈の担保責任に関する変更の概要はどのようなものであるか… 137

Q42 遺言の撤回が撤回、取消又は効力が生じなくなった場合に、
元の遺言は回復するのか………………………………………… 139

Q43 遺言執行者とはどのような立場の者か……………………… 142

Q44 今回の相続法改正では、遺言執行者の一般的な権限について
どのような改正がされたのか………………………………… 144

Q45 今回の相続法改正では、特定遺贈がされた場合の遺言執行者
の権限はどのように改正されたのか………………………… 148

Q46 今回の相続法改正では、特定財産承継遺言がされた場合の遺
言執行者の権限はどのように改正されたのか……………… 150

Q47 金融機関は、遺言執行者による相続預貯金の払戻請求に対し
てどのように対応したらよいのか…………………………… 154

第6章　遺留分制度に関する見直し（事業承継の円滑化）

Q48 「遺留分侵害額請求権」とは何か…………………………… 158

Q49 遺留分減殺請求権の見直しによって事業承継にどのような影
響が生じるか …………………………………………………… 163

Q50 相続人に対する生前贈与、負担付贈与、不相当な対価による
有償行為がなされた場合の遺留分侵害額の算定方法はどのよ
うに見直されたのか…………………………………………… 164

Q51 今回の相続法改正により、遺留分侵害額の具体的な算定方法
はどうなったか………………………………………………… 169

Q52 遺留分侵害額請求権は具体的にどのように計算したらよいか… 172

第7章 相続の効力等に関する見直し

Q53 相続により承継した権利は第三者に対抗することができるか‥ 176

Q54 金融機関は、遺贈又は相続分の指定によって承継された預金
債権の対抗要件の具備をどのように確認したらよいか‥‥‥‥‥ 180

Q55 相続により承継された義務について銀行等の債権者が権利行
使する際はどのような点に注意するべきか‥‥‥‥‥‥‥‥‥‥ 183

Q56 遺言執行者がある場合の相続人の行為の効果はどうなるのか‥‥ 185

Q57 遺言執行者を定める遺言がある場合に相続財産に対して差押
をすることはできるか‥‥‥‥‥‥‥‥‥‥‥‥‥‥‥‥‥‥‥ 188

第8章 相続人以外の者の貢献を考慮するための方策

Q58 被相続人に対する「特別の寄与」とは何か‥‥‥‥‥‥‥‥‥ 192

Q59 特別寄与者は相続預金の払戻請求をすることができるか‥‥‥ 194

7

第 1 章　相続法制改正の概要

Question 1 わが国の相続法制はどのようなものなのか。

Answer

相続の手続は、民法第5編（民法882条以下）に規定されている相続法制に基づいて進められる。

わが国において、相続は、「被相続人（つまりは財産を持っている人）の死亡」によって開始するものとされる。

相続人は、相続開始の時から、被相続人の財産に属した一切の権利義務を承継するものとされているが、現実には相続人の数及び相続の形態によって具体的な承継内容に変化が生じる。

民法上の2つの財産承継方法

相続人が被相続人の財産を相続によって承継する方法として民法が想定している方法としては、2つの方法が定められている（現実には信託法や会社法による相続対策等様々な方法が増加しているために、分かりにくくなっているが、ここでは一旦簡略化して説明を行う）。

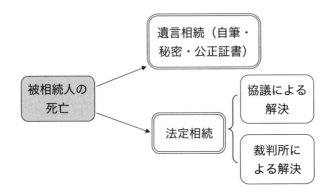

① 遺言相続

一つは、遺言相続である。これは、被相続人が相続の仕方について遺言によって意思を表示する方法（例えば「自宅は妻に、現金は息子に」等の意思を示すことである）である。この場合、原則として遺言に従って相続の手続が進められる（原則としてと留保をつけているのは、後になって遺言が無効になったり、遺留分侵害額請求権[1]の行使がなされる可能性があるからである。これらの点は、細かいので、後に必要な範囲で説明する）。

② 法定相続

もう一つは、法定相続である。これは、遺言がない場合に、民法の定め（民法は遺言がない場合の相続人の相続分（取り分）を予め定めている）に従って相続が進められる方法である。

今日においても、わが国では、社会的慣習として、遺言が作成されることはあまり多くない（遺言書が作成されている割合は1〜2％程度である[2]）ことから、多くの相続は法定相続の方法に従って進められている。

相続の基本ルール

① 各共同相続人の相続分に応じて相続財産を共有

わが国の民法では、法定相続の基本ルールとして、相続は被相続人の死亡によって開始されることが定められており、また、誰が（相続人の

---

1 従前は、遺留分減殺請求権といわれていたが、今回の法改正によって遺留分侵害額請求権と改称された。

2 平成28年度の死亡者数は1,307,748人であり、平成28年度の遺言書の検認件数は17,205件であることから、相続が発生した場合において自筆証書遺言の検認が申し立てられる割合は、約1.3％である。公益財団法人日本財団の調査によれば、自筆証書遺言と公正証書遺言の割合は、7:3とのことであるため、相続において遺言書が作成されている割合は、おおむね1〜2％ということになろう。

問題）、何を（相続財産の問題）、どれだけ（相続分の問題）相続するか
が中心として定められている。

　相続が開始し、相続人及び相続財産が決まった場合において、相続人
が複数であるときは、各共同相続人の相続分に応じて、相続財産が共有
されることとなる。

　この場合は、相続財産を共同相続人間で分けなければならないので、
法律によって（民法に限らないのが事態を複雑にする）、遺産分割の手続
も定められている（この分割手続も実際には様々な形態があり、相続人
が裁判所の力を借りずに協議によって決定する方法もあれば、裁判所の
力を借りる場合もあり、この力を借りる場合も様々なバリエーションが
存在する）。

②　遺言相続の４つのルール

　また、遺言相続の基本ルールとして、①遺言とは誰がどのような事を
定めるものなのか（遺言能力、遺言事項等）、②どのような方式によって
なせばよいのか（遺言の方式－基本的には３種類の遺言[3]がある）、③遺
言にはどのような効力があるのか（遺言の効力）、④遺言の内容の実現は
どのようにしてなすのか（遺言の執行）が中心として定められている。

③　遺留分

　被相続人には「遺言によって自らの財産を自由に処分する自由」が認
められている一方で、相続には「相続人の生活保障」という側面がある。

　このため、法定相続人には一定の範囲で遺留分（被相続人がどのよう
に遺言で相続の内容を定めようと、遺留分を有する相続人は自己の最低
限の取り分を主張することができる）が認められており、被相続人の遺
言による財産処分に一定の制限が課されている。つまり遺留分を有する

3　具体的には、自筆証書遺言、公正証書遺言、秘密証書遺言である。

第1章 相続法制改正の概要

相続人が自己の遺留分を侵害する遺言に不服な場合、その遺留分を侵害された分を取り戻すことができるので、権利関係がより複雑になる。

Question 2 なぜ相続法の改正が必要とされたのか。

Answer

わが国の相続法制は、1980（昭和55）年に配偶者の法定相続分の引き上げや寄与分制度の創設等の見直しがされて以来、40年近くも実質的な見直しがされていなかったが、その間にも、わが国では、高齢化社会の進展や、家族の在り方に関する国民意識の変化等の社会情勢の変化が生じたため、改正が必要となった。

相続法制の歴史

わが国の戦前の相続法制（明治民法）は、「家制度」の採用を前提としていた。具体的には、「家」の長である戸主の地位又は身分の承継に伴い、「家」の財産も承継するもの（家督相続）とされていた。

しかし、第二次大戦後に明治憲法が改正され、これに伴って明治民法も全面的に改正された。明治民法において定められていた相続法制も全面的に改正され、家督相続の制度が廃止されるとともに、財産相続の制度に一本化された。「家」という概念を強調することは封建社会を彷彿とさせると解され、もう少しオープンな制度への変化が要請されたからである。しかし、その一方で、日本社会伝統の考え方自体は国民の中に存在するので、そのミスマッチが相続紛争を発生させる原因でもあると考えられる。

13

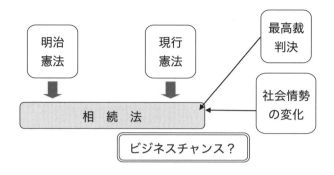

　その後、わが国の相続法制は数次の改正を経てきたが、1980（昭和55）年に配偶者の法定相続分の引上げや寄与分制度の創設等の見直しがされた後は、実質的には大きな見直しがされてこなかった。

　もっとも、その間にも、わが国では、高齢化社会の進展や、家族の在り方に関する国民意識の変化等の社会情勢の変化が生じていた。

社会情勢の変化と相続法制改正の要請

　このような状況において、2013（平成25）年に最高裁が非嫡出子の相続分を嫡出子の2分の1と定めた民法900条4号但し書前段の規定が違憲であると判示し（最大決平成25年9月4日）、同年、同部分が削除される改正がなされたことをきっかけ（要するに嫡出子を非嫡出子より優先するという考え方自体、平等原則に反するという考え方が最高裁によって認められたため、その他の考え方の変化をキャッチアップして、民法に取り入れようという動きである）として、相続法制の改正が課題として浮上することとなった。

　金融機関の方々には、相続法改正は日頃の業務を改善するコスト等の増加と捉えられると思うが、金融商品取引法やフィンテック等の社会の変化に伴う制度の改変は国家にとっては避けられない事項であるため、

金融機関としても当該変化と上手くつきあっていくことが要請されると共に、ビジネスチャンスにつながる可能性もある。

これらの社会的な動きを受けて、2015（平成27）年2月、法制審議会第174回会議において、法務大臣により、相続法制の見直しについて諮問がされた。

その後、民法（相続関係）部会において審議が重ねられ、2018（平成30）年1月、民法（相続法）等の改正に関する要綱案が公表された。

そして、2018（平成30）年3月13日、第196国会に対し、「民法及び家事事件手続法の一部を改正する法律案」及び「法務局における遺言書の保管等に関する法律案」として法案が提出され、同年7月6日可決成立し、同月13日に平成30年法律第72号及び第73号として公布された。

これは、約40年ぶりの相続法制の大幅な見直しである。

Question 3　相続法制改正の概要とスケジュールはどのようなものか。

Answer

　今回の相続法制の改正においては、配偶者の居住権を保護する制度や自筆証書遺言の保管のための制度、相続人以外の者の貢献を考慮するための制度等の新しい制度が導入され、遺留分減殺請求権の法的性質が見直される等、相続法制全般についての見直しがなされている。

　今回の相続法制の改正がなされた場合、原則として、公布の日から起算して1年以内に施行される見込みである。なお、施行日以前に開始された相続については、原則として、従前の例によるものとされる。

相 続 法 の 改 正			
配偶者の保護	事業承継の変化	預金取扱いの変化	相続人以外の貢献　etc

相続法改正の概要

　法務省民事局が2018（平成30）年7月に作成した「相続法改正の概要について」[4]によれば、今回の相続法制の改正の概要は、以下のとおりである。

（1）配偶者の居住権を保護するための方策

①　配偶者短期居住権の新設（改正後民法1037条～1041条）

　配偶者が相続開始の時に遺産に属する建物に居住していた場合には、遺産分割が終了するまでの間、無償でその居住建物を使用できるようにする権利が創設された。

　公布の日から2年を超えない範囲内において政令で定める日に施行される予定である。

　夫婦の一方が死亡するも、遺言等によって残された配偶者が自宅等に住む権利が明確になっていないと、配偶者の居住権が侵害される事例（一般的な感覚からすると驚くべき事態だが、相続に基づく家族間の法律上・事実上の紛争はもの凄いエネルギーになることがある）が少なからず存在するため、配偶者の当面の居住権を保護するために定められたものである。

4　http://www.moj.go.jp/content/001263586.pdf

② 配偶者居住権の新設（改正後民法1028条〜1036条）

　配偶者の居住建物を対象として、終身又は一定期間、配偶者にその使用を認める法定の権利が創設され、遺産分割等における選択肢の一つとして、配偶者に配偶者居住権を取得させることができるようになった。

　公布の日から2年を超えない範囲内において政令で定める日に施行される予定である。

　①の制度を更に強化するとともに、相続において配偶者が居住権を確保するためのコストを抑えることによって生活費にあてるための流動資産をより多く取得できようにする試みである。

(2) 遺産分割等に関する見直し

① 配偶者保護のための方策（持戻免除の意思表示推定規定）（改正後民法903条4項）

　婚姻期間が20年以上の夫婦間で、居住用不動産の遺贈又は贈与がされたときは、持戻（要するに当該不動産を相続財産に戻すこと）の免除の意思表示（「相続財産に戻すこと」の免除＝相続財産に戻さなくていい）があったものと推定し、被相続人の意思を尊重した遺産分割ができるようになった。

　公布の日から1年を超えない範囲内において政令で定める日に施行される予定である。

　夫婦間で自宅等の贈与がなされた場合でも、贈与者の死亡を契機に、当該贈与した自宅等も相続の一環として相続財産の計算がまき直されることがあるが、そのような結果が酷と思われる場合もあるので、一定の歯止めがかけられることになった。

② 仮払制度等の創設・要件明確化（改正後民法909条の2等）

　相続された預貯金債権について、生活費や葬儀費用の支払、相続債務

17

の弁済などの資金需要に対応できるよう、遺産分割前にも払戻が受けられる制度が創設された。

公布の日から1年を超えない範囲内において政令で定める日に施行される予定である。

前述したように遺産の分割には一定の期間が必要となることがある。特に相続人間で争いがある場合、遺産の分割が終わるまで数年を要することとなる場合も少なくない。

そうするとその間、相続財産から相続人の生活費用や被相続人の葬儀費用を捻出できないと、相続人の生活に支障が生じる等の不都合が生じる場合がある。

この場合に、相続財産以外の財産から必要な費用を捻出することは必ずしも社会的効率性の観点から望ましくないので、相続財産から仮払を受けられることを明確にしたものである。

③ 遺産の分割前に遺産に属する財産を処分した場合の遺産の範囲（改正後民法906条の2）

相続開始後に共同相続人の一人が遺産に属する財産を処分した場合に、計算上生ずる不公平を是正する方策が設けられた。

公布の日から1年を超えない範囲内において政令で定める日に施行される予定である。

(3) 遺言制度に関する見直し

① 自筆証書遺言の方式緩和 （改正後民法968条）

自筆でない財産目録を添付して自筆証書遺言を作成できるようになった。

公布の日から6ヵ月を経過した日（2019（平成31）年1月13日）に施行される。

遺言は原則として3種類存在するが[5]、その中でもっとも簡易な方法が自筆証書遺言である。

しかしながら、自筆証書遺言は財産目録を含めた全文を自筆で筆記しなければならないものとされており、特に遺産が多数ある場合には、実質的には、要件として非常に厳しいものとなっている。パソコンによる文書の作成が一般化している現代においては、自筆による筆記よりもパソコンによる文書作成の方がはるかに簡便であることから、自筆証書遺言の場合であっても、特に作成に労を要すると見込まれる財産目録についてのみはパソコンの使用ができるよう、自筆証書遺言の要件を一部緩和したものである。

② **遺言執行者の権限の明確化（改正後民法1007条、1012条〜1016条）**

遺言執行者は、遺言の内容を実現させるため、相続財産の管理その他遺言の執行に必要な一切の行為をする権利義務を有することとした上で、その権限内において、遺言執行者であることを示して行った行為が、相続人に対し直接に効力を有するものとされた。

公布の日から1年を超えない範囲内において政令で定める日に施行される予定である。

遺言において、遺言執行者が定められていると、遺言執行者が当該遺言の実現を行うことになる。ところが、従来は遺言執行者の権限が明確でないことがあったので、その点を明確化したものである。

③ **公的機関（法務局）における自筆証書遺言の保管制度の創設（遺言書保管法）**

自筆証書遺言について、新たに法務局における保管制度が創設された。

公布の日から2年を超えない範囲内において政令で定める日に施行さ

5　自筆証書遺言、公正証書遺言、秘密証書遺言である。

れる予定である。

　自筆証書遺言は、被相続人が自ら作成するものなので、相続人がその存在を知らないことがあったり、検認という特別な手続の履行が要求されるが、一般人はそのことを知らない場合がある。

　そこで、法務局において自筆証書遺言を保管できることとし、保管した場合には検認（現行法上定められている遺言を確認する手続——この手続が遵守されないことがままある）が不要になると共に、自筆証書遺言に公知機能（関係者に知らしめる機能）を与えることで、自筆証書遺言を活用する機会を促したものである。

（4）遺留分制度に関する見直し（改正後民法1042条〜1049条）

　遺留分減殺請求権の行使によって当然に物権的効果（物権的効果が何かというのは非常に難しい問題なので、後の解説をご覧頂きたい）が生ずるとされている現行法の規律を見直し、遺留分権の行使によって遺留分侵害額に相当する金銭債権が生ずるものとしつつ、受遺者等の請求により、金銭債務の全部又は一部の支払につき裁判所が期限を許与することができるようにされた。

　公布の日から1年を超えない範囲内において政令で定める日に施行される予定である。

　遺留分減殺請求権は、遺留分権利者の権利を確保する制度しては重要であるが、従前の遺留分減殺請求権は物権的効果という極めて強力な効果を有していたため、事業承継に思わぬ障害となることがあったので、その点を改めて、円滑な事業承継を促したものである。

（5）相続の効力等に関する見直し（改正後民法899条の2）

　相続させる旨の遺言等により承継された財産については、登記等の対

抗要件なくして第三者に対抗することができるとされていた現行法の規律を見直し、法定相続分を超える権利の承継については、対抗要件を備えなければ第三者に対抗することができないものとされた[6]。

公布の日から1年を超えない範囲内において政令で定める日に施行される予定である。

登記による公示機能をどこまで重要視するかは国策判断であるが、従来は相続によって包括承継した不動産は、登記がなくても、第三者に対抗できたが、これは不測の事態を生むことがある。

そこで、法定相続分の範囲では、従来と同様の取扱を維持するものの、法定相続分を超える部分については登記がなければ第三者に対抗できないこととし、取引の安全を一部で図ったものである。

(6) 相続人以外の者の貢献を考慮するための方策（改正後民法1050条）

相続人以外の被相続人の親族が、被相続人の療養看護等を行った場合には、一定の要件の下で、相続人に対して金銭請求をすることができる制度（特別の寄与）が創設された。

6　改正法においては、相続分の指定や遺産分割の方法の指定による承継は包括承継であるものの、包括承継として対抗要件が不要とされるのは相続開始の事実及び被相続人との身分関係により客観的に定まる法定相続分に限定され、それを超える部分は被相続人の意思表示が介在し、処分性が認められるため、対抗要件が必要となると考えられている。このため、例えば、被相続人Aが、遺言によって、その所有する不動産を「相続人Bに相続させる」旨の遺言をして死亡した場合において、他の相続人Cが、当該不動産を勝手に自己名義にした上で第三者Dに売却してしまった場合、相続法改正以前においては、「相続させる」旨の遺言により権利取得した場合は登記なくして第三者に対抗できるとするのが判例であったことから、相続人Bは登記なくして第三者Dに対して当該不動産の所有権全部を対抗できることとされていた。ところが、今回の相続法改正によって導入された民法899条の2は、「相続させる」旨の遺言があったとしても、法定相続分を超える部分は登記がなければ対抗できないものとしていることから、本件の事例において、相続人Bは、第三者Dに対して、当該不動産の所有権を対抗できるのは、法定相続分（1/2）に限られ、それを超える残りの1/2の部分については第三者Dに対抗できないという結論になることとなった。

公布の日から1年を超えない範囲内において政令で定める日に施行される予定である。
　従来は相続人以外の親族が被相続人の看護等を行っても、金銭的な恩恵に与れなかった。
　しかしそのような結果は、看護を行った親族に酷であるし、被相続人（つまりは看護を受けた人）の意向にも反することがある。
　そこで、相続人以外の親族に限って（逆にいえば親族でないと、この制度は適用されない）、一定の金銭的恩恵に与れるようにしたものである。

Question 4 今回の相続法改正がなされると銀行業務には具体的にどのような影響があるのか。

Answer

　金融機関実務との関係においては、幾つかの点で影響が生じることが見込まれる。
　周知の通り、日本は少子高齢化社会に入っているので、今後は相続案件が増加することが想定される。その際に、今般の改正法を受けて、銀行業務が当然に影響を受けることになる。詳細については各論を参照頂きたいが、概要以下の通りとなる。

銀行業務への影響

(1) 配偶者の居住権を保護するための方策（配偶者短期居住権及び配偶者居住権の新設）

　当該方策の新設によって、被相続人死亡時の配偶者及び配偶者以外の

相続人に対するアドバイスの内容が変わってくる。

まず、配偶者に対しては、配偶者居住権がある場合には当該権利内容の確認を促すことになる。これに対して、配偶者居住権がない場合には配偶者短期居住権の存在をアドバイスすることになる。

次に、配偶者以外の相続人に対しては、自宅等の処分に際し、配偶者居住権あるいは配偶者短期居住権の存在を示唆した上で、処分方法についてのアドバイスを行うことになる。

(2) 持戻免除の意思表示推定規定

（1）と同様に、当該方策の新設によって、被相続人死亡時の配偶者及び配偶者以外の相続人に対するアドバイスの内容が変わってくる。

まず、配偶者に対しては、当該推定規定によって持戻が不要になる可能性をアドバイスすることになる。

次に、配偶者以外の相続人に対しては、当該推定規定による取扱を認めるかどうかの検証を促すことが考えられる。

(3) 仮払制度等の創設・要件明確化

当該制度については（仮払の要請を受ける）金融機関としての対策方法と相続人に対する支援によって対応が変わってくることになる。

まず相続人に対する支援としては、相続人が資金不足の場合、仮払制度の適用を検討するよう示唆することになる。

これに対して、要請を受ける金融機関としては過誤払がないよう、仮払制度の要件が具備されているかどうか、慎重な検証が必要になる。

このような仮払の制度が創設されたのは2016（平成28）年に出された最高裁判例の内容と関係する。最高裁判例の詳細は後述を参考にしていただきたいが、要するに今までは「相続人による預金債権の分割行使が

認められて」いたものが「認められない」ことになった。そのため、相続人が資金不足に陥る可能性が生じたため、そのような不都合を回避する方法として仮払制度及び後述する一部分割の方法が新しく定められたものである。

(4) 自筆証書遺言に関する取扱い

自筆証書遺言の方式が簡易化及び効率化されたため、遺言を作成しようとする人の利用が増加する可能性があるので、そのことを視野においたアドバイスが求められる。

なお、自筆証書遺言が使いやすくなったとしても、遺言能力や遺言の撤回についての手続が変更になったわけではないので、相続に関する紛争がなくなるわけではない。そういう意味では公正証書遺言には安定性のメリットも存在するので、そのあたりのバランスをみながら、アドバイスすることになる。

(5) 遺留分制度に関する見直し

事業承継に関するビジネスに対する影響はもっとも大きいと思われる。特に今までは遺留分減殺請求権の物権的効果が事業の承継を行う相続人に対する影響として極めて大きかったが、今回の改正により、事業承継が円滑に進むことが期待される。

他方で、遺留分減殺請求権が遺留分侵害額請求権に改められ、その効果が金銭債権化されたことにより、事業承継を行う相続人は支払原資を確保する必要が生じることになったので、当該支払原資の融資を行うかどうかも金融機関サイドとしては検討が必要になる。

第2章　銀行実務から見た
　　　　改正の要点

Question 5 相続預金払戻請求時の注意点は何か。

Answer

平成28年判例及び平成29年判例の出現を受けて、遺産分割が完了するまでは、相続人による相続預貯金債権の分割行使が認められなくなった。しかし、これでは相続人の生活補償や葬祭費用の捻出に支障が生じるため、今回の相続法改正において、仮分割の仮処分の手続の特則及び仮払制度が導入された。金融機関においては、相続人から相続預貯金の払戻の請求があった場合に、まずは遺産分割が完了しているかどうかを確認するべきであり、遺産分割が完了していない場合は、状況に応じて、仮分割の仮処分の手続をとるか、仮払の制度を利用するよう促すこととなる。

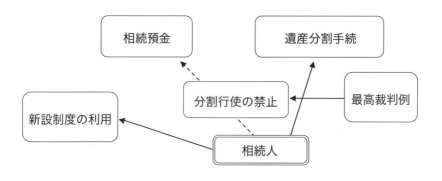

概　　要

平成28年判例（最決平成28年12月19日）を受けて、遺言のない場合の相続預貯金について、共同相続人は遺産分割が完了するまでは、共同相続人の全員の同意がない限り、金融機関に払戻を請求することはでき

ず、また、金融機関側もこれに応じることができなくなった。

　もっとも、相続開始後遺産分割完了までの相続人の資金需要を満たすため、今回の相続法改正において、家庭裁判所が判断する仮払制度の特則と家庭裁判所の判断を経ない仮払制度が設けられている。

平成28年判例について

　預金債権のような可分債権は、従前は、相続の開始と同時に法律上当然に分割され、各共同相続人がその相続分に応じて承継するのが判例の立場であった（最判昭和29年4月8日）。

　しかし、平成28年判例によって、可分債権のうち、預貯金債権について判例変更がなされ、普通預金債権、通常貯金債権及び定期貯金債権の相続について、相続開始と同時に当然に相続分に応じて分割されることはなく、遺産分割の対象となる旨が判示された。

　なお、平成29年判例（最判平成29年4月6日）は、平成28年判例を踏まえ、共同相続された定期預金債権及び定期積金債権についても共同相続と同時に当然に相続分に応じて分割されることはなく、遺産分割の対象となると判示した。

　平成28年判例及び平成29年判例により、普通預金債権、定期預金債権、通常貯金債権、定期貯金債権及び定期積金債権については相続開始と同時に相続分に応じて分割されることはないことが明らかとなり、遺言がない場合は、遺産分割協議を経なければならないこととなった。

　そして、遺産分割協議を経ていないこれらの預貯金債権については、金融機関は、遺産分割協議が完了するまでは、共同相続人の全員の同意がない限り、共同相続人の一部からの払戻に応じることができないことが明らかとなった。

しかしながら、共同相続人において被相続人が負っていた債務の弁済をする必要がある場合や、被相続人から扶養を受けていた共同相続人の当面の生活費を支出する必要がある場合には、依然として、遺産分割完了前に少なくとも一部の払戻を認める必要がある。

仮分割の仮処分

　このため、今回の相続法改正では、家庭裁判所が判断する仮払制度として、家事事件手続法200条2項に定める仮分割の仮処分の手続を活用することとした。しかしながら、家事事件手続法200条2項に定める仮分割の仮処分の手続においては、仮処分ができる場合が、共同相続人の「急迫の危険を防止」する必要がある場合に限定されており、その要件は厳格である。

　そこで、改正民法と関連して改正がなされた改正後家事事件手続法200条3項において、

・家庭裁判所は、遺産の分割の審判又は調停の申立があった場合において、

・相続財産に属する債務の弁済、相続人の生活費の支弁その他の事情により遺産に属する預貯金債権を当該申立をした者又は相手方が行使する必要があると認めるときは、

・その申立により、遺産に属する特定の預貯金債権の全部又は一部をその者に仮に取得させることができるものとする、新たな仮分割の仮処分の規定がおかれることとされた。

　このように、当該改正により、共同相続人は、一定の必要がある場合に預貯金債権について仮分割の仮処分の手続を実行することが容易となる。

仮払制度の採用

また、今回の相続法改正では、家庭裁判所の判断を経ない仮払制度として、（仮分割より簡便な制度として）相続開始後、一定の上限を設けた上で、裁判所の判断を経ることなく、金融機関の窓口において共同相続された預貯金債権について仮払を受けられる制度を設けることとされた。

相続開始後に共同相続人の一部に預貯金を引き出す必要性が生じた場合において、裁判所に保全処分の申立をしなければ単独での預貯金の払戻が一切認められないのであれば、相続人の負担は依然として大きいといわざるを得ないので、家庭裁判所の判断を経ない仮払制度が設けられたのである。

具体的には、各共同相続人は、遺産に属する預貯金債権のうち相続開始の時の債権額の3分の1に当該共同相続人の法定相続分割合を乗じた額については、単独でその権利を行使することができるものとされた（改正後民法909条の2）。

ただし、単独で権利行使できるのは、標準的な当面の必要生計費、平均的な葬式の費用の額その他の事情を勘案して預貯金債権の債務者である金融機関ごとに法務省令で定める額を上限とするものとされている（要綱案の検討過程において、上限額を100万円とすることで議論がされていたため、法務省令で定める上限額もこれに近い金額となることが見込まれる）。

Question 6 遺言による相続手続と自筆証書遺言の確認方法はどのようにするのか。

Answer

　わが国の相続法制において認められている遺言の方式は、原則として、自筆証書遺言、公正証書遺言、秘密証書遺言の3種類である。
　今回の相続法改正において自筆証書遺言については全文自筆によるとする要件が改正され、財産目録についてはパソコンで作成することが認められたが、全文をパソコンによって作成することが認められたわけではないことに注意が必要である。
　また、自筆証書遺言に関する法改正は公布の日から6ヵ月以内に施行される見込みであるが、施行前に作成された自筆証書遺言については、なお全文を自筆により作成する必要があるため、自筆証書遺言の有効性を確認するためには、まずはその作成日を確認することが重要となる。

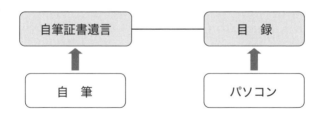

遺言による相続の概要

　相続は、被相続人の死亡によって開始し（民法882条）、相続人は、相続開始の時から、被相続人の財産に属した一切の権利義務を承継するものとされている（民法896条）。

そして、相続人が数人あるときは、相続財産はその共有とされ（民法898条）、各共同相続人は、その相続分に応じて被相続人の権利義務を承継するものとされる（民法899条）。

もっとも被相続人は、遺言において、相続人の遺留分を侵害しない範囲で、法定相続分によらない共同相続人の相続分を定めることができる（民法902条1項）。

また、被相続人は、遺言において、遺産分割の方法を定めることができる（民法908条）。この場合において、特定の財産の処分方法を定めた場合（特定の相続人に対して特定の財産を「相続させる」旨の遺言をした場合）は、その後、特段の遺産分割手続を経ることなく、当該特定の財産の権利が移転することとなる。

さらに、被相続人は、遺言において、相続人の遺留分を侵害しない範囲で、包括的又は特定の名義でその財産の全部又は一部の遺贈をすることができる（民法964条）。この場合において、特定の財産が遺贈された場合は、遺言者の死亡によりその財産は受遺者に移転するものとされている（大判大正5年11月8日）。

このように、被相続人は遺言を残すことによって、法定相続分によらない相続を実現することができる。

なお、遺言は、遺言者の死亡の時からその効力を有するものとされる（民法985条）。

遺言の方式

遺言は、民法に定める方式に従わなければすることができないものとされており（民法960条）、普通の方式の遺言として3つの種類の遺言が定められている。

① 自筆証書遺言

一つめは、遺言者が、その全文、日付及び氏名を自署し、これに押印することにより作成する自筆証書遺言である（改正前民法968条1項）。

② 公正証書遺言

二つ目は、公正証書によって遺言をする公正証書遺言である（民法969条）。

③ 秘密証書遺言

三つ目は、遺言者が、遺言書に署名・押印し、これを封じたうえで押印に用いた印章をもって封印し、1人の公証人と2人以上の証人の前で封書について自己の遺言書であること等を申述した上で、公証人が日付及び遺言者の申述を封書に記載し、遺言者と証人とともに押印した秘密証書によって遺言をする、秘密証書遺言である（民法970条）。

自筆証書遺言の問題点

この点、一般的には、手続の手軽さからは自筆証書遺言が、また、手続の確実性からは公正証書遺言が選択されることが多いが、近時、自筆証書遺言の利用が年々増加している。

もっとも、改正前民法の下では、自筆証書遺言は「全文、日付及び氏名」を全て自書しなければならないとされていた（改正前民法968条1項）。財産が多数ある場合は、遺言書に財産目録を添付する場合が多いが、そのような場合であっても、財産目録も含めて、すべて自書でなくてはならない。

しかし、遺言を作成しようとする方にとって全文を自書することはかなりの労力を伴うものであり、大きな負担となっている。

このため、この点が自筆証書遺言の利用を妨げる要因となっていた。

自筆証書遺言の改正

そこで、今般の相続法改正において、改正後民法968条第2項として、自筆証書遺言を作成する場合において、自筆証書にこれを一体のものとして相続財産の全部又は一部の目録を添付する場合には、その目録については、自書することを要しないものとする規定が追加された。これにより、自筆証書遺言に、財産目録としてパソコンで作成した一覧表を添付したり、預貯金通帳のコピーを添付したりすることができるようになり、特に財産が多数ある場合の自筆証書遺言作成の負担が軽減されることとなった。

ただし、この場合において、遺言者は、その目録の毎葉に署名し、印を押さなければならないものとされている。財産目録を含む各葉に遺言者が署名・押印しなければならないこととされているため、第三者による財産目録等の偽造を防止することができる。

改正に関する留意点

この点、自筆証書遺言において、これに添付される財産目録について自書とすることを要しないとする法改正は、2019（平成31）年1月13日に施行される。

そして、施行日前に作成された自筆証書遺言については、なお従前の例によるとされている。このため、目録部分も含めて自書しなければならないことに留意が必要である。

このため、自筆証書遺言に基づき相続人から預貯金債権の払戻を要請された場合、金融機関としては、当該自筆証書遺言の原本の確認をした上で払戻に応じることになると考えられるが、その場合、当該改正法の

施行日である2019（平成31）年1月13日より前に作成された自筆証書遺言については、財産目録部分を含めて自筆でなければ自筆証書遺言として有効とはならず（民法等改正法附則6条）、それに基づく預貯金債権の払戻をすることができないため、注意を要する。

他方で、当該改正法の施行日である2019（平成31）年1月13日以降は、金融機関において自筆証書遺言を確認する際に、全文が自書されていない場合であっても、自筆証書遺言として有効になる場合があることを認識する必要がある。ただし、自書されていない部分が財産目録であること、当該財産目録の各葉に遺言者の署名及び押印がされていることは、併せて確認する必要があると考えられる。

このように、自筆証書遺言の作成日が2019（平成31）年1月13日の前であるか後であるかによってその自筆証書遺言が有効となるかどうかの要件が異なってくるため、当該遺言書の作成された日付の確認が重要となる。

Question 7 今回の相続法改正は事業承継と銀行実務にどのような影響を与えるのか。

Answer

　被相続人が遺言によって事業用資産を後継者に集中的に相続させ、もって後継者以外の相続人の遺留分を侵害した場合であっても、当該後継者以外の相続人による遺留分減殺請求権の行使によって、事業用資産が当該後継者以外の相続人との共有となってしまい、円滑な事業承継が妨げられるような事態を回避することができるようになった。金融機関実務との関係では、今回の遺留分に係る法改正によって、事業承継がより円滑に進むことになると見込まれる。

相続法改正と事業承継への影響

わが国において、事業承継を円滑に進めることが喫緊の課題となっている。事業承継には、親族内承継と親族外承継があり親族外承継の割合が高まっているが、特に中小企業においては親族内承継の割合が依然として高い。

親族内承継は、相続の手続によりなされることとなるところ、事業承継の準備の一環として遺言を作成しておき、遺言相続により事業承継をしていくことがのぞましい。

もっとも、遺言の内容によっては、相続人の遺留分を侵害することとなるため、相続人間の利益を適切に調整する必要がある。

この点、従前は 相続人の遺留分が遺言等によって侵害された場合に、物権的効果を持つ遺留分減殺請求権の行使が認められていたが、今回の相続法改正によって、債権的効果を持つ遺留分侵害額請求権に改められた。

これにより、被相続人が遺言によって事業用資産を後継者に集中的に相続させ、もって後継者以外の相続人の遺留分を侵害した場合であっても、当該後継者以外の相続人による遺留分減殺請求権の行使によって、事業用資産が当該後継者以外の相続人との共有となってしまい、円滑な事業承継が妨げられるような事態を回避することができるようになった。金融機関実務との関係では、今回の遺留分にかかる法改正によって、事業承継がより円滑に進むことになると見込まれる。

事業承継の必要性

　わが国において、急速に少子高齢化が進展しており、企業の経営環境にも大きな影響が生じている。

　企業は法人であって自然人ではないが、実際に企業を経営している経営者は自然人であるため、企業の経営環境は少子高齢化の影響を色濃く受けることとなる。

　特に、中小企業は、わが国企業数の約99％、従業員数の約70％を占めており、わが国の経済・社会の基盤を支える極めて重要な存在であるが、所有と経営が分離していない（つまり、オーナー一族が株式の全部又はその大部分を保有し、経営陣も全員又はその大部分がオーナー一族である状態）オーナー企業である場合が多いため、より一層、少子高齢化の影響を受けやすい。

　具体的には、経営者の高齢化に伴い、将来における経営者の死亡リスクに対応するために事業承継（オーナー保有の株式を誰に相続させるか、オーナー死亡後の経営陣の構成をどのように考えるか）を図る必要が生じている一方で、少子化の影響によって後継者不足に陥ってしまっている（そもそも論として①少子化によって国内のマーケットが縮小している状態に加え、②価値の多様化に伴い、事業の承継を好まない家族が増加し、③また少子化故に事業を承継できる候補者自体が減少している状態にある）。

　実際に、「中小企業白書（2018年度版）」によれば、中小企業の景況は緩やかな改善傾向にあるものの、中小企業・小規模事業者においては、経営者が高齢化し、それらの休廃業・解散件数は以前として高水準にあるとされている。

　中小企業の経営者の引退時期は、68歳から69歳と推察されるが、年代

別に見た中小企業の経営者年齢の分布は2015年において66歳がピークとなっており、70代、80代の経営者数も増加する傾向にある。そして、(株)帝国データバンクの調査結果によれば、60歳以上の経営者においては、48.7％が後継者不在となっている。

このため、今後5年から10年の間に多くの中小企業が事業承継のタイミングを迎えることとなるが、後継者不在の企業や廃業予定の企業のうち、有力な経営資源を次世代に引き継いでいくために事業承継を円滑に進めていくことが、わが国経済全体の生産性向上のための喫緊の課題となっている。

これを受けて、中小企業庁は、平成28年12月に事業承継ガイドラインを制定し、中小企業の円滑な事業承継に取り組んでいる。

また同ガイドラインでは、事業承継を、親族内承継、役員・従業員承継(以下「従業員承継」という)、社外への引継(M&A等)の3つの類型に区分している。

近時、後継者確保の困難化(前述した価値観の多様化、候補者の減少に加え、そもそも親としても不採算な事業や保証債務を子供に承継させることを希望しない場合もある)等の影響から、親族内承継の割合は減少し、親族外承継の割合が増加しているといわれている(その意味で企業の内情をよく知っている従業員承継や外部の有力資本を活用するM&A等は中小企業にとっても魅力的な事業承継方法である)。

多くのケースにおいて親族内承継が希望される理由

　もっとも、中小企業においては、所有と経営が分離していないオーナー企業である場合が多く、親族内承継の割合は依然として高い。2015年に中小企業庁が実施した調査によれば、現経営者の在任期間が35年以上40年未満の層では、9割以上が親族内承継、すなわち現経営者は先代経営者の息子・娘その他の親族であると回答している。現経営者の在任期間が短いほど、親族内承継の割合が減少し、従業員や社外の第三者による承継が増加する傾向にあるが、現経営者の在任期間が5年未満の層であっても約35％は親族内承継である。

＊親族内承継が多い理由
　　・中小企業経営者による企業への愛着
　　・経営者としてのプライド
　　・従業員・取引先との密接な関係

＊注意すべき点
　　・突然死のリスク
　　・企業が経営不振である場合

　また親族内承継を望む経営者が多いことも事実である。その理由は一概には述べにくいが、概括すると、①中小企業経営者にとって企業は自分の子供のようなものであり、外部への承継を好ましく思わないこと、②中小企業経営者においてもプライドの観点から、従業員承継を良しとしない場合も散見されること、③中小企業経営者においては従業員及び取引先との関係が密接な場合が多く、外部へのM&Aに際しては、かか

る密接な関係が承継されるかに対して危惧感を抱く場合も少なくないこと、等が挙げられる。

そのようなオーナー企業において事業承継を実施するにあたっては、結果として、親族内承継を選択するケースも多く、経営権の承継手続と経営者個人の相続手続とが密接に関連することとなる。

また、後継者のいないオーナー企業（特に経営者がワンマン社長である場合）において、不慮の事故や極めて早期に進行する病気等によって経営者が突然死亡してしまうことが、しばしばある。

そのような場合には、何らの事業承継の対策もなされていないことが多く、事業が未だ継続して運用されている間のごく短期間（死亡後短期間の内であれば、今手続中であるとの言い訳も取引先に通用するし、取引先も死亡直後に事を荒立てることは回避する傾向にある）のうちに経営権の承継をしなければ、事業が毀損してしまうリスクが大きい（死亡後一段落した後にも、企業の承継方針が決まっていない場合には、取引先としても将来に不安を覚え、取引関係から離脱するケースも散見される）。

このため、場合によっては経営権の承継手続と経営者個人の相続手続を並行して行わなければならない場合もある。

このように、特に中小企業においては、廃業させずに次世代に円滑かつ確実に承継させ、もって事業を再生することと、経営者個人の相続手続とは切っても切り離せない関係にあり、両者の一体的な解決が求められる。

また金融機関においても、このような事業承継方法のどれが融資先企業にとって適切かを検討の上、早めに事業承継についてディスカッションする必要がある。

事業承継に関連する相続手続

(1) 迅速な手続の必要性

　わが国において、相続は、被相続人の死亡によって開始するものとされている。相続の手続は、民法第5編（民法882条以下）に規定されている相続法制に基づいて進められる。また、相続開始があったことを知った日の翌日から10ヵ月以内に相続税の申告をしなければならないものとされている（相続税法27条）。

　もっとも、不慮の事故や極めて早期に進行する病気等によって、事前に死期が予測できない場合もある。また、事前に予測できていたとしても、経営権の承継についてまで手が回らないことも、しばしばある。このため、企業の経営者において、何らの事業承継の対策もなされていないことが多い。

　特に、そのような事業承継が必要となった企業が経営不振であった場合は、相続開始後に早急に手当をしなければ事業が急速に毀損してしまい、次世代に承継することができなくなってしまう。

　しかしながら、遺された経営者の相続人は、被相続人を喪って精神的に疲弊しているなかで、経営権の承継と親族間の相続手続の双方を早急に進めなければならないので、その負担は極めて大きい。

　このため、事業承継に携わる専門家は、遺された相続人を法的にのみならず精神的にも支える必要があり、かつ、M&A等の経営権の承継手続、遺産分割等の相続手続、相続税申告等の税務手続を早急に遺漏なく行うため、そのような業務に慣れた他士業と円滑に協働していくことが求められる。

(2) 事業承継に関する相続手続

　相続人は、自己のために相続の開始があったことを知った時から、原則として3ヵ月の熟慮期間内に、①相続について単純承認をするか、②限定承認をするか、③相続放棄をしなければならないものとされる（民法915条1項）。

　熟慮期間の起算点は、相続人が相続開始の原因となる事実を知り、かつ、そのために自己が相続人となったことを覚知した時を指すものとされ（大判大正15年8月3日）、被相続人に相続財産が全く存在しないと信ずるにつき相当な理由があると認められるときには、本来の熟慮期間は、相続財産の全部又は一部の存在を認識したとき又は通常これを認識しうるべき時から起算するものとされている（最判昭和59年4月27日）。

　相続人は、相続の承認又は放棄をする前に、相続財産の調査をすることができるが（民法915条2項）、当該調査によっても相続の承認又は放棄を決定できないときは、利害関係人又は検察官の請求によって、家庭裁判所において熟慮期間を伸長することができる（民法915条1項但書き）。

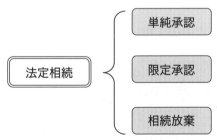

① 相続人が単純承認したとき

　まず、相続人が単純承認をしたときは、無限に被相続人の権利義務を承継するものとされる（民法920条）。これは日本の民法においては、相

続は包括承継と考えられ、被相続人の人格が相続人に承継されると考えられていることが前提にある。

また相続人が、自己のために相続の開始があったことを知った時から3ヵ月以内に限定承認又は相続放棄をしなければ、単純承認をしたものとみなされる（民法921条2号）。その他、相続人が相続財産の全部又は一部を処分する等の行為をしたときも、単純承認をしたものとみなされるので注意が必要である。

② 相続人が限定承認したとき

次に、相続人が限定承認をしたときは、相続によって得た財産の限度において被相続人の債務及び遺贈を弁済することとなる（民法922条）。

その意味で、被相続人の資産を負債が上回っている場合（債務超過の場合）には、限定承認は有益な制度であるといえる（ただし限定承認の利用等を失念しているケースも多い点に留意が必要である）。

もっとも、相続人が数人いるときは、共同相続人の全員が共同して限定承認をしなければならないものとされる（民法923条）。また、限定承認をしようとするときは、相続人において相続財産の目録を作成して、家庭裁判所に提出し、限定承認をする旨を申述しなければならないものとされる（民法924条）等、一定の手続的煩雑さが存在することには理解が必要である。

③ 相続人が相続放棄したとき

最後に、相続人が相続放棄（要するに相続財産の承継を希望しない代わりに、相続債務の承継も行わないこと）をしたときは、その相続に関しては、はじめから相続人とならなかったものとみなされる（民法939条）。もっとも、相続放棄をしようとするときは、その旨を家庭裁判所に申述しなければならないものとされる（民法938条）。

なお、相続を放棄した者は、その放棄によって相続人となった者が相

42

続財産の管理を始めることができるまでは、自己の財産におけるのと同一の注意をもって、その財産の管理を継続しなければならないものとされる（民法940条1項）。相続人全員が相続放棄をし、相続人がいなくなってしまった場合は、家庭裁判所は、利害関係人又は検察官の請求により、相続財産管理人を選任しなければならないものとされる（民法952条1項）。

　相続財産中に企業の支配株式が含まれている場合において、相続人全員が相続放棄をしたときは、当該企業の支配権が浮いてしまう可能性がある。このため、相続放棄をした相続人が当該企業の株式を管理しているときは、すみやかに家庭裁判所に相続財産管理人の選任の申立をし、企業の支配権の帰属を明確にしておく必要があると考えられる。

　また金融機関においても、このような相続方法のどれが融資先企業の相続人にとって適切かを検討の上、短期間のうちに、相続方法についてディスカッションする場面が必要となることがある。

法定相続による事業承継

(1) 法定相続分

　相続が開始すると、各共同相続人は、その相続分に応じて被相続人の権利義務を承継するものとされる（民法899条）。

　わが国における相続は、被相続人の死亡により当然に開始するものとされるが、死亡した企業の経営者が何らの事前の準備もしていない場合は、民法に定められた相続分に応じて、各共同相続人が相続財産を共有することとなる。

　具体的には、子（実子と養子を問わず、嫡出子と非嫡出子を問わない）

43

と配偶者が相続人であるときは、配偶者の相続分は2分の1、子全体の相続分も2分の1とされる（民法900条1項1号）。

子が複数いる場合は、子全体の相続分である2分の1を、子の人数に応じて均等に承継するものとされる（民法900条1項4号）。

（子が存在せず）配偶者と直系尊属（つまりは親等）が相続人であるときは、配偶者の相続分は3分の2、直系尊属全体の相続分は3分の1とされる（民法900条1項2号）。

（子も直系尊属も存在せず）配偶者と兄弟姉妹が相続人であるときは、配偶者の相続分は4分の3、兄弟姉妹全体の相続分は4分の1とされる（民法900条1項3号）。

なお、被相続人と父母の一方のみを同じくする兄弟姉妹は、被相続人と父母の双方を同じくする兄弟姉妹の相続分の2分の1となる（民法900条4号但書き）。

このように被相続人の死亡時において、配偶者が生存しているときは、配偶者は必ず相続人になる。

しかし、子が相続人となる場合には、直系尊属及び兄弟姉妹は相続人とはならず、子がおらず直系尊属が相続人となる場合には、兄弟姉妹は相続人とはならない。また、相続人の配偶者は、相続人とはならない。

法定相続は民法に基づく相続分の実現にすぎないので、ある意味公平性は確保されている。

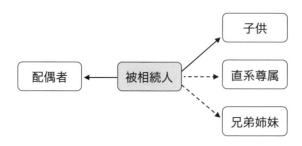

第2章　銀行実務から見た改正の要点

(2) 遺産分割

　相続開始後の相続財産は、相続を承認した相続人により共有されている状態となる。このため、相続の承認後、相続を承認した共同相続人間で、遺産分割協議をする必要がある。

　共同相続人が遺産分割協議をした場合、相続開始の時にさかのぼってその効力が生じるものとされる（民法909条）。

　もっとも、遺産分割協議は、共同相続人間の利害が先鋭に対立する場面であるため、相続人ではない親族をも巻き込んで大いに紛糾することが実務上極めて多い。

　この点、全ての相続財産が共有になるため、被相続人が経営した企業の株式及び不動産等の企業の基礎となる財産まで共有となることから、遺産分割協議が長期化する場合には当該企業の経営にも支障が出かねない。このため、企業の経営者（特に所有と経営が分離していないオーナー企業の経営者）は、企業の株式及び不動産等の企業の基礎となる財産を遺産分割協議の対象としないために遺言を作成しておくことがのぞましい。また、遺言がない場合は、早急に専門家を入れて、円滑かつ迅速に合理的な内容の遺産分割協議を進めることがのぞましい。

遺言による事業承継

(1) 遺言の種類

　以上のように、法定相続による事業承継にはいくつかの問題があるため、企業の経営者（特に所有と経営が分離していないオーナー企業の経営者）は、遺言による事業承継手続（この場合は、親族に対する承継が

45

多いと考えられる）を検討しておくことがのぞましい。

　その際、遺言を作成しておくことで、共同相続人による遺産分割協議を経ることなく企業の株式及び不動産等の企業の基礎となる財産を相続人に承継させることができるため、ある意味間断なく事業承継を実施することができる有力な手段といえる。

　遺言には自筆証書遺言（民法968条）、公正証書遺言（民法969条）、秘密証書遺言（民法970条）が存在する。

　このうち、今回の相続法改正がなされる前までは、自筆証書遺言は「全文、日付及び氏名」を全て自書しなければならないとされていた（改正前民法968条1項）。この点、財産が多数ある場合は、遺言書に財産目録を添付する場合が多いが、そのような場合であっても、財産目録も含めて、すべて自書でなくてはならない。

　しかし、全文を自書することはかなりの労力を伴うものであり、大きな負担となっている。遺言を作成しようとする方が高齢者である場合はなおさらである。

　このため、この点が自筆証書遺言の利用を妨げる要因となっている。

　そこで、今回の相続法改正においては、改正後民法968条第2項として、自筆証書遺言を作成する場合において、自筆証書にこれを一体のものとして相続財産の全部又は一部の目録を添付する場合には、その目録については、自書することを要しないものとする規定が追加された。これにより、自筆証書遺言に、財産目録としてパソコンで作成した一覧表を添付したり、預貯金通帳のコピーを添付したりすることができるようになり、特に財産が多数ある場合の自筆証書遺言作成の負担が軽減されることとなった。

　また、民法において、自筆証書遺言の保管方法は特に定められていない。このため、遺言書原本が公証役場で厳重に保管されている公正証書

遺言と異なり、トラブルが生じることが多い（逆にいえば、トラブル回避のためには公正証書遺言を利用することがのぞましいともいえる）。また、これにより遺言書の作成の真正等を巡って深刻な紛争（そもそも自筆証書遺言は被相続人によって作成されるので、相続人がその存在を知らず、遺言発覚時に「そんな遺言を被相続人が作成するはずがない」とか「その遺言作成時に被相続人に遺言作成に必要な意思能力がなかった（例えば「認知症にかかっていた」等）」等の主張はよくなされるものである）が生じる場合がある。

＊遺言の効力が争われるリスク

- 相続人が遺言の存在を知らない
- 遺言の作成が繰り返される（後の遺言が有効）
- 被相続人の意思能力がない
- 遺留分侵害額請求権が行使される

そこで、自筆証書遺言の保管方法等を定めるため、法務局における遺言書の保管等に関する法律（以下「保管法」という）が定められた（ただし、これは自筆証書遺言の保管方法について新たな選択肢を設ける趣旨のものであって、必ずしも保管法に基づいて保管をしなければならないわけではない点に注意が必要である）。

しかしながら、いずれの遺言方式を採用しようと、①後になされた遺言が先になされた遺言に優先すること（民法1022条、1023条）、②遺言の作成を繰り返した場合には法律関係が不安定になること、③後日になって、遺言時の被相続人の意思能力が争われる可能性があること、等の問題が存在する。

また、今回の相続法改正前までは、④遺言による事業承継が効力を発

生しても遺留分減殺請求権（民法1031条）の行使によって法律関係が共有状態になるという大きな問題があった。

(2) 従前の遺留分減殺請求への対応策と今回の相続法改正

① 従前の遺留分減殺請求への対応策

遺留分とは、遺言によっても侵害し得ない相続人の潜在的持分のことをいい、遺留分権利者が、遺言の内容によって遺留分を侵害されていると考える場合には、遺留分減殺請求権の行使をすることができるとされていた。

改正前民法においては、遺留分減殺請求権には物権的効力があると解されていたため、その結果、被相続人が経営していた企業の株式及び不動産等まで、遺留分権利者との共有に復帰する可能性があった。

例えば、

・被相続人が特定の相続人に家業を継がせるため、株式や店舗等の事業用財産を遺贈等しても、
・遺留分減殺請求権が行使されることにより、事業用財産等が他の相続人との共有となってしまい、
・これらの財産の処分が困難になる等、事業承継後の経営に支障が生じるおそれがあったのである。

（改正前の対応策）

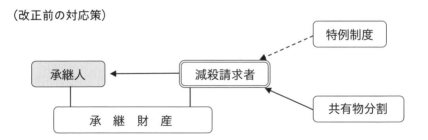

第2章　銀行実務から見た改正の要点

　この問題に対する解決方法は幾つか存在するが、一つは民法の特例制度（経営承継円滑化法）を利用して、遺留分減殺請求権の行使を抑制する方法である。しかし、特例制度を利用するための要件が厳しすぎるという問題が現実には存在する。

　もう一つの方法は、民法に規定のある共有物分割請求制度を利用する方法である。共有物分割請求制度は共有物の分割を裁判所に対して申し立てる制度であり、最終的には裁判所の判決によって共有物の分割方法を決定する方法である。

　分割方法としては、①現物分割（文字通り共有財産を分割して、共有者間で共有財産を分け合う制度である。例えば100坪の不動産であれば、これを50坪ずつに分けて、共有者A・Bで分け合うことをイメージするとわかりやすい）、②価格賠償（価格賠償の方法も様々あるが、最も極端なケースは共有者Aが100坪の不動産全部を取得し、共有者Bが50坪相当分の金銭を取得する方法が考えられる）、③競売による分割（100坪の不動産を競売に供し、その競売代金を共有者A・Bで分割する方法である）等が存在する。

　もっとも判決によって解決を図ったとしても、敗訴者等から控訴がなされ、紛争が長期化するリスクがある（例えば①現物分割判決をもらっても、そもそも関係の悪化しているA・Bで隣同士の関係になったからといって関係が改善するわけではないし、②ましてや一方のみが金銭をもらうような解決であれば、その金銭の多寡については当然に不満を抱くケースが多い）ので、現実的な解決方法としては共有分割訴訟内で和解（和解であれば、①共有不動産の一部を、別個の不動産と交換したり、②共有者が、お互いに納得した方法で、共有不動産を任意売却することも可能である）することも有用である。

49

② 相続法改正に伴う新たな解決策

実際に今までの相続を巡る事件においても、まず遺留分減殺請求権が行使され、共有状態になった状況で、いかにしてこの共有状態を解消するかについて、無用な時間が費やされることになった。

このような不毛な結果を改善するには、遺留分という概念自体を排斥することも考えられるが、今般の相続法改正では、①遺留分及びそれが侵害されたときに取り戻すという制度自体は残しつつ、②その効力（及び名称）を変更するという制度が採用された。

すなわち、

ア．そもそも遺留分制度は、遺留分権利者の生活保障や遺産の形成に貢献した遺留分権利者の潜在的持分の精算等を目的とする制度であるところ、

イ．その目的を達成するためには、必ずしも物権的効果まで認める必要はなく、

ウ．遺留分権利者に遺留分侵害額に相当する価値を返還させる（具体的には金銭の支払を要求する）ことで十分であると考えられる。

そこで、今回の相続法制の改正において、遺留分減殺請求権の効力及び法的性質が見直されることとなった。

具体的には、物権的効果を有する「遺留分減殺請求権」が、金銭債権としての「遺留分侵害額請求権」に改められることとなった。

そして、遺留分権利者及びその承継人は、受遺者又は受贈者に対し、遺留分侵害額に相当する金員の支払を請求することができるものとされた（改正後民法1046条1項）。

このため、①同改正によって共有物分割請求がなされるケースは減少することが想定される。共有物分割請求は、物権的効果によって強制的に共有状態になるが故に発生するケースが多かったが、今回の改正によっ

てこのような状態の発生は解消されることになるものと考えられる。

一方で、②遺留分侵害額請求権の債務者は、今までは物権的効果による共有状態による不都合を放置すれば金銭的支払は発生しなかった。しかし、今後は、遺留分権者に対する金銭的支払が必要となるため、資金調達に追われる可能性が指摘されている。

(改正後の対応策)

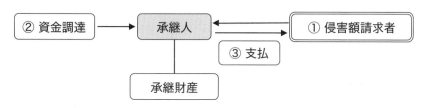

③ 金融機関実務との関係

金融機関実務との関係では、今回の相続法改正によって、被相続人が特定の相続人に家業を継がせるために行った遺贈等により他の相続人の遺留分が侵害されていたとしても、

・当該特定の相続人は他の相続人に対して遺留分侵害額請求権に基づく金銭債務を負うにとどまり、株式や店舗等の事業用財産について他の相続人との共有となる事態が回避されることとなったため、事業承継をより円滑に進めることができるようになる一方で
・遺留分債権者に対する支払原資を確保する目的で事業承継者に融資を行うケースが発生する

ことが考えられる。

第3章　配偶者の居住権を
　　　　保護するための方策

Question 8 配偶者の居住権を短期的に保護するための方策とは何か。

Answer

①配偶者が相続開始の時に遺産に属する建物に居住していた場合には、②少なくとも6カ月間は、③無償でその居住建物を使用できるようにする権利が創設された。

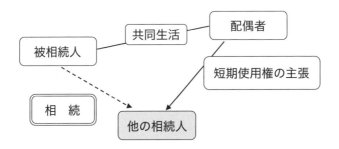

配偶者の居住権を保護する必要性

　配偶者の一方が死亡した場合、遺された配偶者は、それまで居住してきた建物に引き続き居住することを希望するのが通常である。
　特に、遺された配偶者が高齢である場合はなおさらである。
　また、高齢化社会の進展に伴い、遺された配偶者の居住権を保護する必要性は高まっている。
　通常であれば、共同相続人は遺された配偶者の意向を汲み、少なくとも遺産分割協議が成立するまでの間は、それまで居住してきた建物に引き続き無償で居住することを認めるのが一般的であり、このような方策を設けるまでもなく、問題とはならない。

もっとも、相続は共同相続人間の利害が先鋭に対立する場面であるため、共同相続人間の関係性が著しく悪い場合は、残された配偶者に嫌がらせをするために、その建物への当面の居住すら認めない可能性がある。

このような場合、判例（最判平成8年12月17日）は、配偶者が、相続開始時に被相続人の建物に居住していた場合には、原則として、被相続人と配偶者との間で使用貸借契約（民法上定められている無償で財産の使用を許諾する契約）が成立していたと推認するものとし、残された配偶者の居住権を確保することとした。

しかしながら、このような判例による配偶者保護の理屈も、当該建物が第三者に遺贈されてしまっていた場合や、被相続人が死後に配偶者が当該建物への居住を継続することに明確に反対していた場合は、被相続人と配偶者との間の使用貸借を推認することができず、配偶者の当面の居住権も確保することができなくなってしまう。

このため、新法では、遺された配偶者の当面の居住権を保護する方策として、使用貸借における使用権に類似した法定の債権として、居住していた建物について無償で使用する権利（配偶者短期居住権）が認められることとなった。

配偶者短期居住権の新設

具体的には、遺された配偶者は、死亡した配偶者の財産に属した建物に相続開始の時に無償で居住していた場合には、以下の各場合に応じて、それぞれ定められた期日まで、居住していた建物の所有権を相続により取得した者に対し、配偶者短期居住権を有するものとされた（改正後民法1037条1項）。

ア．その居住していた建物について配偶者を含む共同相続人間で遺産

分割をすべき場合は、遺された配偶者は、遺産分割により居住していた建物の帰属が確定した日又は相続開始の時から6カ月を経過する日のいずれか遅い日までの間、配偶者短期居住権を有するものとされる。

イ．その居住していた建物について遺産分割がされない場合（例えば当該建物が第三者に遺贈された場合等）は、遺された配偶者は、当該建物の所有権を取得した者から配偶者短期居住権の消滅の申し入れをされた日から6カ月を経過する日までの間、配偶者短期居住権を有するものとされる。

このように、今回の相続法改正により、遺された配偶者は、配偶者短期居住権に基づき、被相続人の意思に関わらず、従前から居住していた建物に少なくとも6カ月間は居住することができるようになった。

なお、当該改正は、公布の日から2年以内に施行される見込みである。

Question 9

配偶者短期居住権はどのような内容の権利なのか。

Answer

使用貸借における使用権に類似した法定の権利である。

- 約定の使用権
  - 賃貸借契約
  - 使用貸借契約
- 法定の使用権
  - 配偶者（長期）居住権（新設）
  - 配偶者短期居住権（新設）

銀行実務に影響？

第3章　配偶者の居住権を保護するための方策

配偶者短期居住権とは

　配偶者短期居住権を有する配偶者は、従前の用法に従い、善良な管理者の注意をもって、居住建物の使用をしなければならない。また、当該配偶者は、居住建物の所有権を取得した者の承諾を得なければ、第三者に当該建物の使用をさせることはできない（改正後民法1038条）。

　配偶者短期居住権は、譲渡することができないものとされる（改正後民法1041条、1032条2項）。

　配偶者は、居住建物の使用に必要な修繕をすることができる。なお、居住建物の修繕が必要な場合において、配偶者が相当の期間内に必要な修繕をしないときは、居住建物の所有者は必要な修繕をすることができる。配偶者が自ら居住建物の修繕をするときを除き、居住建物の修繕を要するとき、又は居住建物について権利を主張する者がある場合は、配偶者は、居住建物の所有者に対して、遅滞なく、その旨を通知しなければならない。ただし、居住建物の所有者が既にこれを知っているときは、通知を要しない（改正後民法1041条、1033条）

　配偶者短期居住権を有する配偶者は、居住建物の通常の必要費を負担するものとし、当該配偶者が居住建物について通常の必要費以外の費用を支出したときは、各相続人は民法196条の規定（占有者による費用の償還請求）に従い、その相続分に応じて、その償還をしなければならないものとされる。ただし、有益費については、裁判所は、他の相続人の請求により、その償還について相当の期限を許与することができる（改正後民法1041条、1034条、583条2項）。

57

配偶者短期居住権の消滅

　配偶者短期居住権を有する配偶者が用法遵守義務や善管注意義務に違反した場合は、居住建物取得者は、当該配偶者に対する意思表示によって、配偶者短期居住権を消滅させることができる（改正後民法1038条3項）。なお、この場合、その使用によって生じた損害の賠償及び配偶者が支出した費用の償還は、居住建物が返還されたときから1年以内に請求しなければならないものとされる。この損害賠償請求権については、居住建物が返還された時から1年を経過するまでの間は、時効は完成しない（改正後民法1041条、600条）。

　また、配偶者が居住建物にかかる配偶者居住権（今回の相続法改正において、配偶者短期居住権とともに新たに導入された、配偶者の居住権を長期的に保護するための法定の権利である）を取得したときは、配偶者短期居住権は消滅する（改正後民法1039条）。

　配偶者短期居住権を有する配偶者は、配偶者短期居住権が消滅したときは、当該配偶者が配偶者居住権を取得した場合を除き、居住建物を返還しなければならない。ただし、配偶者が居住建物について共有持分を有するときは、居住建物の取得者は、配偶者短期所有権が消滅したことを理由として、居住建物の返還を求めることはできない（改正後民法1040条）。

　配偶者短期居住権を有する配偶者は、当該配偶者短期所有権が消滅した場合に居住建物の返還をするときには、相続開始の後に居住建物に付属させた物を収去させる義務を負う。ただし、居住建物から分離することができない物又は分離するのに過分の費用を要する物についてはこの限りではない（改正後民法1040条2項、599条1項）。また、配偶者短期居住権を有する配偶者が、配偶者短期居住権が消滅した場合に居住建

物を返還するときは、相続開始後に居住建物に生じた損傷（通常の使用及び収益によって生じた損傷及び経年変化を除く）を原状に復する義務を負う。ただし、その損傷が配偶者の責めに帰することができない事由によるものであるときは、この限りではない（改正後民法1040条、621条）。

配偶者短期居住権は、その存続期間満了前であっても、配偶者が死亡したときには消滅する（改正後民法1041条、597条3項）。

Question 10 配偶者の居住権を長期的に保護するための方策とは何か。

Answer

配偶者の居住建物を対象として、終身又は一定期間、配偶者にその使用を認める法定の権利が創設され、遺産分割等における選択肢の一つとして、配偶者に配偶者居住権を取得させることができるようになった。

長期間にわたる居住権の確保の必要性

配偶者短期居住権（今回の相続法改正において、配偶者居住権とともに新たに導入された、配偶者の居住権を短期的に保護するための法定の権利である）は、遺された配偶者の居住権を短期的に保護するものに過ぎない。

他方で、相続開始時点において遺された配偶者が高齢となっていたとしても、平均寿命の伸長によってその後長期間にわたって生活を継続することも少なくない。

このため、遺された配偶者は、可能であるならばできる限り長い期間に亘って、従前居住していた住み慣れた建物に居住し続けることを望むはずである。

この場合、当該建物が遺産分割協議の対象となっているのであれば、当該建物を遺された配偶者の所有とすることで、配偶者の希望を叶えることが可能である。

もっとも、一般的に不動産の価格は高額であるから、遺された配偶者が当該建物を相続することとなると、生活に必要な現預金等の他の財産をほとんど相続することができず、遺産分割協議後の生活に支障を来すような事態が生じかねない。

他方で、当該建物を他の相続人が相続するものとした上で遺された配偶者は当該共同相続人から当該建物を賃借することも考えられる。

しかしながら、その場合には、遺された配偶者は建物以外の財産を多めに相続することはできるものの、当該建物に居住し続ける限り賃料を支払わなければならなくなるため、やはり遺産分割協議後の生活に支障を来すような事態が生じかねない。

配偶者居住権の概要

(1) 配偶者居住権の新設

そこで、新法では、遺された配偶者に対し、居住していた建物の無償による使用のみを認め、処分権限のない権利を創設することによって、遺産分割の際に、遺された配偶者が居住していた建物の所有権を取得する場合よりも低廉な価額で住み慣れた建物の居住権を確保することができるようにする方策として、賃借権類似の法定の債権として、居住して

いた建物の全部について無償で使用及び収益をする権利（配偶者居住権）が認められることとなった。

　具体的には、遺された配偶者は、死亡した配偶者の財産に属した建物（ただし、被相続人が相続開始のときに配偶者以外の者と当該建物を共有していない場合に限る）に相続開始のときに居住していた場合において、以下の各場合に該当するときは、その居住していた建物の全部について、原則として当該配偶者の終身の間、無償で使用及び収益をする権利を取得するものとされた（改正後民法1028条1項、1030条）。

　①　遺産の分割によって配偶者居住権を取得するものとされた場合。
　②　配偶者居住権が遺贈の目的とされたとき。

(2) 具体的メリット

　配偶者居住権が認められることによる具体的なメリットは、以下の通りである。

　例えば、法務省のホームページに掲載されている事例[7]によれば、相続人が妻と子の2名であり、遺産が自宅（評価額2,000万円）及び預貯金（評価額3,000万円）であった場合、妻と子との相続分は、1：1であることから、それぞれ2,500万円ずつ相続することができることとなる。

　この点、遺産分割協議により、妻が住み慣れた自宅の所有権を単純に相続することとした場合、妻が取得できる預貯金は500万円のみであり、今後の生活の継続に不安が生じる。

　他方で、遺産分割協議によって、妻が住み慣れた自宅について配偶者居住権（評価額を仮に1,000万円とする）を有するものとし、子が配偶者居住権の負担のついた自宅の所有権（自宅−配偶者居住権＝評価額1,000

7　http://www.moj.go.jp/content/001263589.pdf

万円）を有するものとした場合、妻が取得できる預貯金は1,500万円となり、単純に自宅の所有権を相続した場合に比べて、今後の生活を余裕をもって継続させることができるようになるのである。

(3) 配偶者居住権の評価額の算定と第三者への対抗

配偶者居住権の評価額は、建物賃借権の評価額＋（賃料相当額×存続期間−中間利息額）によって算出されるものと考えられるが[8]、実際にそれがいくらになるかによって配偶者が実際に保護される結果となるか否かが分かれることにもなるので、非常に重要である。

したがって、配偶者居住権の評価額について、不動産鑑定士による評価が必要となる場合も考えられる。

なお、配偶者居住権は、配偶者居住権設定登記を備えた場合に、第三者にも対抗することができるとされる（改正後民法1031条2項、605条）。

この点、配偶者居住権は賃借権類似の権利ではあるが、賃借権そのものではなく借地借家法の適用を受けないので、配偶者居住権を有する配偶者が当該建物の占有をしていたとしても、借地借家法31条に基づく対抗要件を具備することにならない点には注意を要する[9]。

このように、今回の相続法改正により、遺された配偶者は、配偶者居住権に基づき、従前居住していた建物に居住することができるとされた。

なお、当該改正は、公布の日から2年以内に施行される見込みである。

8　民法（相続関係）等の改正に関する中間試案の補足説明11頁
9　民法（相続関係）等の改正に関する中間試案の補足説明10頁

第3章 配偶者の居住権を保護するための方策

Question 11 配偶者居住権はどのような内容の権利なのか。

Answer
賃貸借における賃借権に類似した法定の権利である。

配偶者居住権の特徴

(1) 第三者への対抗

　居住建物の所有者は、配偶者居住権を取得した配偶者に対し、配偶者所有権の設定の登記を備えさせる義務を負う（改正後民法1031条1項）。これにより、配偶者は配偶者居住権について第三者対抗要件を具備することになる（改正後民法1031条2項、605条）。

　配偶者は、配偶者居住権の登記をした場合において、居住建物の占有を第三者が妨害しているときは、その第三者に対して妨害停止請求をすることができ、第三者が居住建物を占有しているときには、居住建物の返還請求をすることができる（改正後民法1031条2項、605条の4）。

　配偶者居住権を有する配偶者は、従前の用法に従い、善良な管理者の注意をもって、居住建物の使用をしなければならない。ただし、従前居住の用に供していなかった部分については、これを居住の用に供することができる（改正後民法1032条1項）。また、当該配偶者は、居住建物の所有者の承諾を得なければ、当該居住建物の増改築をし、第三者に当該建物の使用収益をさせることはできない（改正後民法1032条3項）。なお、配偶者居住権の認められる居住建物について、転貸の効果に関する民法613条の規定は、配偶者居住権に準用されている（改正後民法1036

条、613条)。

配偶者居住権は、第三者に譲渡することができないものとされる（改正後民法1032条2項）。

(2) 居住建物の修繕

配偶者は、居住建物の使用及び収益に必要な修繕をすることができる（改正後民法1033条1項）。なお、居住建物の修繕が必要な場合において、配偶者が相当の期間内に必要な修繕をしないときは、居住建物の所有者は必要な修繕をすることができる（改正後民法1033条2項）。配偶者が自ら居住建物の修繕をするときを除き、居住建物の修繕を要するとき、又は居住建物について権利を主張する者がある場合は、配偶者は、居住建物の所有者に対して、遅滞なく、その旨を通知しなければならない。ただし、居住建物の所有者が既にこれを知っているときは、通知を要しない（改正後民法1033条3項。）

配偶者居住権を有する配偶者は、居住建物の通常の必要費を負担するものとし、当該配偶者が居住建物について通常の必要費以外の費用を支出したときは、各相続人は民法196条の規定（占有者による費用の償還請求）に従い、その相続分に応じて、その償還をしなければならないものとされる。ただし、有益費については、裁判所は、他の相続人の請求により、その償還について相当の期限を許与することができる（改正後民法1034条、583条2項）。

(3) 配偶者居住権の終了・消滅

配偶者居住権では、配偶者居住権を有する配偶者が用法遵守義務や善管注意義務に違反した場合は、居住建物の所有者は、当該配偶者に対する意思表示によって、配偶者居住権を消滅させることができる（改正後

民法1032条4項)。なお、この場合、その使用によって生じた損害の賠償及び配偶者が支出した費用の償還は、居住建物が返還されたときから1年以内に請求しなければならないものとされる。この損害賠償請求権等については、居住建物が返還されたときから1年を経過するまでの間は、時効は完成しない(改正後民法1036条、600条)。

配偶者居住権を有する配偶者は、配偶者居住権が消滅したときは、居住建物を返還しなければならない。ただし、配偶者が居住建物について共有持分を有するときは、居住建物の所有者は、配偶者所有権が消滅したことを理由として、居住建物の返還を求めることはできない(改正後民法1035条1項)。

配偶者居住権を有する配偶者は、当該配偶者所有権が消滅した場合に居住建物の返還をするときには、相続開始の後に居住建物に付属させた物を収去させる義務を負う。ただし、居住建物から分離することができない物又は分離するのに過分の費用を要する物についてはこの限りではない(改正後民法1035条2項、599条1項)。また、配偶者居住権を有する配偶者が、配偶者居住権が消滅した場合に居住建物を返還するときは、相続開始後に居住建物に生じた損傷(通常の使用及び収益によって生じた損傷及び経年変化を除く)を原状に復する義務を負う。ただし、その損傷が配偶者の責めに帰することができない事由によるものであるときは、この限りではない(改正後民法1035条2項、621条)。

配偶者居住権の期間満了により配偶者居住権は終了し(改正後民法1036条、597条1項)、配偶者居住権が認められた配偶者が死亡したときには、配偶者居住権は消滅する(改正後民法1036条、597条3項)。配偶者居住権の認められた居住建物の全部が、滅失その他の理由により使用収益することができなくなった場合には、これによって配偶者居住権は消滅する(改正後民法1036条、616条の2)。

Question 12 配偶者居住権は不動産に関する相続実務にどのような影響を与えるか。

Answer

自宅不動産からの債権回収に影響を与える可能性がある。

自宅不動産からの債権回収

　例えば、めぼしい資産が自宅不動産しかない被相続人について、相続が開始し、遺された配偶者が当該自宅について配偶者短期居住権を取得する場合がある。

　このとき、被相続人の債権者である金融機関は、当該自宅を担保に取っていなかったとしても、当該自宅から自己の債権を回収することになる。

　もし被相続人や遺された配偶者に当該自宅以外の資産が潤沢にある場合は、当該自宅以外の資産をもって、当該金融機関の債権の弁済を行うこととなる。

　しかしながら、被相続人や遺された配偶者に当該自宅以外の資産がない場合は、当該自宅を任意売却して当該金融機関の債権の弁済を行うよりほかない。

配偶者居住権設定の建物からの債権回収

　この点、遺された配偶者が取得したのが配偶者居住権である場合、配偶者所有権設定登記を具備すれば、第三者に対して配偶者居住権を対抗することができる（改正後民法1031条2項、民法605条）。このため、金

融機関が当該自宅を差し押さえ、競売によって当該自宅が第三者の手に渡ったとしても、遺された配偶者は配偶者居住権に基づき、当該自宅に住み続けることができる。

ただし、この場合、登記された配偶者居住権が存続している間は、当該自宅を競落した新所有者は、その存続期間中は遺された配偶者から賃料を得ることもできず（配偶者居住権は、居住建物を無償で使用・収益できる権利であるからである）、また、当該自宅を第三者に賃貸して賃料収入を得ることもできないと解される。

配偶者居住権は原則として遺された配偶者の終身の間存続するものとされており、比較的長期間存続するものと考えられるため、そのような負担付の不動産を競落する者が現実的には現れない可能性もある。

配偶者短期居住権設定建物からの債権回収の問題点

他方で、遺された配偶者が取得したのが配偶者短期居住権である場合は、配偶者居住権と異なり登記等の対抗要件を具備する手段がない。

このため、金融機関が当該自宅を差し押さえ、競売によって当該自宅が第三者の手に渡った場合、遺された配偶者は、配偶者短期居住権に基づき、当該自宅に住み続けることができなくなってしまう。

このような場合、従前は、遺された配偶者を他の親族が引き取ることで、当該自宅の任意売却を行うことが現実的に可能であった。

しかしながら、核家族化が進展し親族関係が希薄化した現在においては、遺された配偶者の面倒を他の親族に見てもらうことを期待することは困難であり、遺された配偶者が配偶者短期居住権を取得していたとしても、急に路頭に迷うことになりかねない。

このような場合に、無理に当該自宅の任意売却を進めた場合、高齢の

遺された配偶者を路頭に迷わせる結果となるおそれがあるため、金融機関としては、レピュテーションの観点から、配偶者短期居住権が発生している不動産に対して差押をするべきかどうかについて、検討の余地があるとの指摘がなされている[10]。

Question 13 配偶者居住権の有無はどこで確認するのか。

Answer

不動産登記を確認する。

登記による配偶者居住権の確認

居住建物の所有者は、配偶者居住権を取得した配偶者に対し、配偶者所有権の設定の登記を備えさせる義務を負う（改正後民法1031条1項）。これにより、配偶者は配偶者居住権について第三者対抗要件を具備することになる（改正後民法1031条2項、605条）。また、配偶者が配偶者居住権の登記をした場合において、居住建物の占有を第三者が妨害しているときは、その第三者に対して妨害停止請求をすることができ、第三者が居住建物を占有しているときは、居住建物の返還請求をすることができる（改正後民法1031条2項、605条の4）。

このため、配偶者居住権が設定されている居住建物には、配偶者居住権の登記がされている可能性が高い。

---

10 堀総合法律事務所編「最速解説相続法改正と金融実務Q&A」14頁（金融財政事情研究会、2018年）

第3章　配偶者の居住権を保護するための方策

　この点、配偶者居住権の存続期間は、原則として、配偶者の終身の間とされているところ（改正後民法1030条）、近年の平均寿命の伸長に鑑み、想定よりも長期になる可能性もある。そのため、金融機関において融資を行う際には、担保となりうる建物に配偶者居住権の登記がなされていないかどうかを確認する必要があると考えられる。

　なお、配偶者居住権は賃借権類似の権利ではあるが、賃借権そのものではなく借地借家法の適用を受けないので、配偶者居住権を有する配偶者が当該建物の占有をしていたとしても、借地借家法31条に基づく対抗要件を具備することにならない。

　このため、配偶者居住権を有する配偶者が居住建物に居住していたとしても、当該居住建物について配偶者居住権の登記を具備していない場合は、当該配偶者は第三者対抗要件を具備していないこととなるため、金融機関は当該居住建物につき差押をすることができることとなる。

第4章　遺産分割に関する見直しと
　　　金融機関実務

Question 14 遺産分割の対象となるものは何か。

Answer

　被相続人が所有していた不動産、現金、株式その他有価証券等は遺産分割の対象となる。他方で、被相続人が負担していた債務は、相続の開始に伴い、法定相続分によって相続人に当然に分割承継されるため、遺産分割の対象とはならない。被相続人が有していた金銭債権については、相続の開始に伴い、法定相続分によって相続人に当然に分割承継されるため、遺産分割の対象とはならない。しかし、平成28年判例及び平成29年判例は、預貯金債権は金銭債権ではあるが遺産分割の対象となると判示した。

```
負債： 当然に分割承継
資産： 不動産等→遺産分割の対象
      金銭債権→当然に分割承継
         （ただし預貯金債権は遺産分割の対象）
```

遺産分割の対象となる遺産

　被相続人が死亡すると相続が開始し、その時点から、相続人は、被相続人の財産に属した一切の権利義務（ただし、被相続人の一身に専属するものを除く）を承継する（民法896条）。そして、相続人が数人あるときは、相続財産はその共有に属するものとなる（民法898条）。

　もっとも、遺産が共同相続人により共有されたままでは権利関係が複雑になってしまうため、共同相続人は、被相続人が遺言で禁じた場合を除き、いつでもその協議で遺産の分割をすることできるものとされてい

る（民法906条1項）。そして、遺産の分割がなされると、第三者の権利を害さない限り、相続開始のときにさかのぼって分割の効力が生じるものとされる（民法909条）。

このように、条文上は、相続の開始によって共同相続人の共有となった被相続人の財産に属した一切の権利義務が、遺産分割の対象となるように見える。

しかし、相続の対象となる遺産がすべて遺産分割の対象となるわけではなく、遺産共有の法的性質及び遺産分割の性格や機能に鑑みて、遺産分割の対象から除かれるものがある。このため、遺産の範囲と遺産分割の対象となる財産の範囲に一定のズレが生じている。

なお、下記の財産のうち、遺産分割の対象とならないとされるものについても、共同相続人全員の合意があれば、遺産分割の対象に含めることは可能である。実務上は、遺産分割の対象とならないとされているものを含めて遺産分割協議をする場合が多いと考えられる。遺産分割について調停で話し合いが行われる場合も同様である。もっとも、遺産分割の審判が行われる場合は、必ずしも取り上げられるわけではない点に留意が必要である。

(1) 遺産分割の対象となるもの

ア．被相続人の所有していた不動産（土地及び建物）は、遺産分割の対象となる。

イ．被相続人を賃借人とする不動産賃借権も、遺産分割の対象となる。不動産賃借権は、賃借人の死亡により消滅しないところ、不可分債権である不動産賃借権は相続の開始によって共同相続人の準共有となるからである。ただし、公営住宅を使用する権利については、最判平成2年10月18日がこれを否定している点に留意が必要である。

73

ウ．被相続人の所有していた現金は、遺産分割の対象となる[11]。

エ．被相続人の所有していた株式は、遺産分割の対象となる[12]。

オ．被相続人の所有していた投資信託受益権及び国債は、遺産分割の対象となる[13]。被相続人の所有していた社債も、遺産分割の対象となるものと解される。

カ．被相続人が保有していた遺産が相続開始後に滅失し、又は相続人によって処分されてしまった場合において、保険金請求権や損害賠償請求権、売却代金等の代償財産が発生したときは、実務上は、相続人の意思に基づく処分によって生じた代償財産は、原則として遺産分割の対象から逸出するが、当事者全員の合意があれば遺産分割の対象とすることができるものと取り扱われている[14,15]。

キ．被相続人が保有していたゴルフ会員権は、会則が相続を認めている場合には、遺産分割の対象となりうるが、会則において相続が認められない場合は相続の対象とならない。この場合、預託金返還請求権や滞納年会費支払義務は、可分債権・可分債務として相続人に

11　最判平成4年4月10日は「相続人は、遺産分割までの間、相続開始時に存した金銭を相続財産として保管している他の相続人に対して、自己の相続分に相当する金銭の支払いを求めることはできない」と判示している。

12　最判平成26年2月25日は「共同相続された株式は、相続開始と同時に当然に相続分に応じて分割されることはない」と判示している。

13　平成26年2月25日は「共同相続された委託者指図型投資信託受益権及び個人向け国債は、相続開始と同時に当然に相続分に応じて分割されることはない」と判示している。

14　上原裕之他編「リーガル・プログレッシブ・シリーズ遺産分割」154頁（青林書院、2010年）

15　「相続人のうちのある者が遺産分割前に勝手に相続財産を処分したときは、その財産に代わり同人に対する代償請求権が相続財産に属することとなり、これが分割の対象となる」と判示する裁判例（東京高決昭和39年10月21日）がある。他方で、「共同相続人が全員の合意によって遺産分割前に遺産を構成する特定の不動産を第三者に売却したときは、その不動産は遺産分割の対象から逸出し、各相続人は第三者に対し持分に応じた代金債権を取得し、これを個々に請求することができるものと解すべき」と判示した判例（最判昭和52年9月19日）がある。

承継されるので、遺産分割の対象とはならない。

(2) 遺産分割の対象とならないもの

ア．相続開始前に被相続人が負担していた金銭債務は、相続により当然に各相続人に法定相続分で承継されるため、遺産分割の対象とはならない。連帯債務である場合も、同様である[16]。

イ．被相続人を被保険者とする生命保険は、受取人として特定の者が指定されているときは、原則としてその者の固有の財産となるため、遺産分割の対象とはならない。

ウ．被相続人の葬儀にかかった葬式費用は、相続開始後に生じた債務であるため、遺産分割の対象とはならない。

エ．被相続人の葬儀の際に遺族が受け取った香典は、葬儀参列者から遺族に対する贈与であるため、遺産分割の対象とはならない。

オ．被相続人の保有していた祭祀財産（系譜、祭具、墳墓）は、祖先の祭祀の主催者に帰属するものとされており（民法897条）、遺産分割の対象とはならない[17]。

カ．被相続人の遺産を管理するために要した費用（相続開始後に発生した、固定資産税などの公租公課、賃料、家屋の修理費・改築費等）は、相続開始後に生じた債務であるため、遺産分割の対象とはならない。

16　最判昭和34年6月19日は「連帯債務者の一人が死亡し、その相続人が数人になる場合に、相続人らは被相続人の債務の分割されたものを承継し、各自その承継した範囲において、本来の債務者と共に連帯債務者となる」と判示している。

17　遺骨も同様であり、最判平成元年7月18日は「遺骨は、慣習に従って祭祀を主催すべき者に帰属する」と判示している。

(3) 金銭債権と預貯金債権

被相続人が有していた金銭債権については、可分債権であることから、相続開始によって当然に分割され、各共同相続人に法定相続分に応じて帰属するため、遺産分割の対象とはならない[18]。

被相続人が有していた預貯金債権も金銭債権であり、可分債権である。このため、平成16年判例（最判平成16年4月20日）は、貯金債権に関して「共同相続人の一人（甲）が、相続財産中の可分債権につき、法律上の権限なく自己の債権となった分以上の債権を行使した場合、その権利行使は、当該債権を取得した他の共同相続人（乙）の財産に対する侵害となるから、乙は甲に対して不法行為に基づく損害賠償又は不当利得の返還を求めることができる」と判示し、貯金債権も可分債権として、相続開始と同時に法律上当然に分割され、各共同相続人がその相続分に応じて権利を承継することを前提とした判断をした。

しかしながら、平成28年判例（最決平成28年12月19日）は、当該平成16年判例を変更し、「共同相続された普通預金債権、通常貯金債権及び定期貯金債権は、いずれも、相続開始と同時に当然に相続分に応じて分割されることはなく、遺産分割の対象となる」と判示した。

また、これを受けて、平成29年判例（最判平成29年4月6日）は、共同相続された定期預金債権及び定期積金債権につき、平成28年判例と同旨の判断をした。

このため、普通預貯金債権、定期預金債権、通常貯金債権、定期貯金債権、定期積金債権については、遺産分割の対象となるものとされた。

---

18 昭和29年判例（最判昭和29年4月8日）は「相続財産中の可分債権は、法律上当然に分割され、各共同相続人がその相続分に応じて権利を承継する」と判示している。

第4章 遺産分割に関する見直しと金融機関実務

Question 15 持戻免除の意思表示の推定とは何か。

Answer

婚姻期間が20年以上である配偶者の一方が他方に対し、その居住の用に供する建物又はその敷地（居住用不動産）を遺贈又は贈与した場合については、原則として、計算上遺産の先渡し（特別受益）を受けたものとして取り扱わなくてよいこととすること。

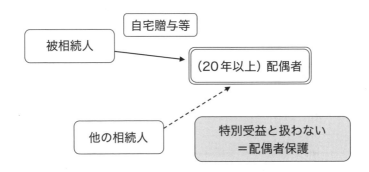

特別受益の持戻

わが国の民法においては、各相続人の相続分を算定するにあたって、通常は、相続人に対する贈与の目的財産を相続財産とみなした上で、相続人が贈与又は遺贈（以下「贈与等」という）によって取得した財産は特別受益にあたるものとして、当該相続人の相続分の額からその財産の価額を控除することとされている（民法903条1項）。これを特別受益の持戻という。

（1）持戻免除がなされない場合

　例えば、法務省のホームページに掲載されている事例 [19] として、父・母・長男・長女の４人家族において、父が自宅（評価額4,000万円）とその他の財産は6,000万円を保有していたが、父が母に自宅の自己の持分の２分の１（評価額2,000万円）を生前贈与した後、父が死亡し相続が開始した場合を考える（死亡時の父の財産は、自宅持分２分の１（評価額2,000万円）＋その他の財産6,000万円の合計8,000万円）。

　このときの法定相続分は母が２分の１、長男が４分の１、長女が４分の１となるが、母の相続分を計算する際には、父から受けた生前贈与分についても相続財産とみなされるため、

　その相続分は、

　（死亡時の父の財産8,000万円＋生前贈与分2,000万円）×法定相続分1/2－生前贈与分2,000万円

　　＝3,000万円となる。

　すなわち、母が最終的に手にすることができる資産の額は生前贈与分2,000万円＋相続分3,000万円＝5,000万円となる。

　他方で、もし、母に対する生前贈与がなかった場合は、その相続分は、（自宅4,000万円＋その他の財産6,000万円）×法定相続分1/2＝5,000万円となる。

　そうすると、母が生前贈与を受けたとしても、受けなかったとしても、母が最終的に手にすることができる資産は5,000万円であり、差がないこととなる。

　このため、生前贈与が遺産の先渡し（特別受益）として持戻の対象と

19　http://www.moj.go.jp/content/001263484.pdf

なった場合、被相続人が生前贈与を行った趣旨が遺産分割の結果に反映されないこととなってしまうのである。

(2) 持戻免除がなされる場合

これに対して、現行法においても、被相続人が特別受益の持戻免除の意思表示をすることができるとされている（民法903条2項）が、そうなった場合は、上記の事例において母が最終的に手にすることができる資産の額は、死亡時の父の財産8,000万円×法定相続分1/2＝4,000万円に、生前贈与分2,000万円を加算した6,000万円となり、生前贈与がなかったとした場合に行う遺産分割より多くの財産を最終的に取得できることとなる。

この点、婚姻期間が20年を超える夫婦の一方が他方に対して居住用不動産を贈与等する場合には、通常は、それまでの貢献に報いるとともに、老後の生活保証を厚くする趣旨で行われるものと考えられる。

贈与税においても、婚姻期間が20年以上の夫婦間で、居住用不動産又は居住用不動産を取得するための金銭贈与がなされたときに、基礎控除の他に最高2,000万円まで控除することができるという特例が認められている（相続税法21条の6）。

かかる贈与税の特例は、①居住用不動産は通常、夫婦の協力の下で形成された場合が多く、また、②夫婦の一方が他方にこれを贈与しても、一般には贈与という意思が薄いことや、③居住用不動産の贈与は配偶者の老後の生活保障の意味合いが強いとして設けられたものである[20]。その趣旨は、相続分の持戻の場面でも妥当する。

また、遺産分割における遺された配偶者の相続分を算定するにあたり、

20　山川一陽他編「相続法改正のポイントと実務への影響」78頁注4（日本加除出版、2018年）

贈与等がされた居住用不動産の価額を控除して遺された配偶者の相続分を減少させる意図を贈与者が有していない場合が多いと考えられる。

(3) 今回の相続法改正

そこで、今回の相続法改正では、改正後民法903条4項として、婚姻期間が20年以上の夫婦の一方が死亡した場合において、死亡した配偶者が、遺された配偶者に対し、その居住の用に供する建物又はその敷地について贈与等をしたときは、死亡した配偶者は、その贈与等について、特別受益の持戻を行わない旨の意思を表示したものと推定するものとする規定が置かれることとされた。

なお、今回の相続法改正は、高齢化社会が進展する中で、特に配偶者の死亡により取り残された他方配偶者の生活保障の必要性が高まっていることを受けたものである。

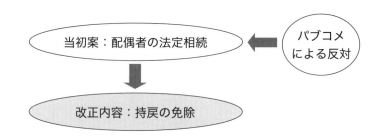

このため、もともとの改正案では、婚姻期間の長短や配偶者の貢献の程度を加味しつつ、配偶者の法定相続分を現行よりも引き上げる方向（具体的には2分の1を3分の2にする等）で検討がなされていた。

しかしながら、パブリックコメントにおいて多くの反対意見（配偶者の法定相続分をそこまで増加させるだけの社会的要請が存在しない等）が寄せられたことから、配偶者の法定相続分の引上げ自体は断念される

こととなった（当たり前のことであるが、法律改正は「法律を改正するだけの社会的事実の変化・要請（いわゆる立法事実）」が必要である）。

　そのため、その代替案として、本項で説明した居住用不動産の持戻しの免除の推定規定（結果としては(2)の計算のとおり、配偶者の取得財産が増加することになる）が設けられることとなった。

(4) 金融機関実務との関係

　金融機関実務との関係では、金融機関が推定共同相続人に対して相続分があることを加味して与信しているときは、居住用不動産の持戻の免除の推定規定が適用される可能性があることに留意が必要であると考えられる。

Question 16 平成28年判例とは何か。

Answer

可分債権のうち、預貯金債権について判例変更をし、普通預金債権、通常貯金債権及び定期貯金債権の相続について、相続開始と同時に当然に相続分に応じて分割されることはなく、遺産分割の対象となる旨を判示した判例である。

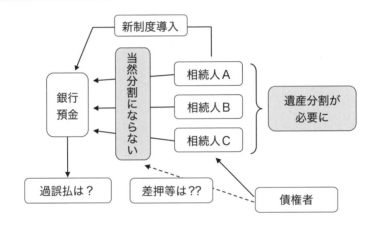

平成28年判例とは

(1) 平成28年判例の結論

従前は、昭和29年判例（最判昭和29年4月8日）によれば、預貯金債権のような可分債権は、相続の開始と同時に法律上当然に分割され、各共同相続人がその相続分に応じて承継するのが判例の立場であった。

しかし、平成28年判例（最決平成28年12月19日）によって、可分債

権のうち、預貯金債権について判例変更がなされ、普通預金債権、通常貯金債権及び定期貯金債権の相続について、相続開始と同時に当然に相続分に応じて分割されることはなく、遺産分割の対象となる旨が判示された。

(2) 平成28年判例の事案及び経過

平成28年判例の事案は、法定相続人が2人の事案である。そして、一方の相続人が被相続人から約5,500万円の贈与を受けており、特別受益が認められる。これに対し、相続財産は約258万円相当の不動産と約4,000万円の預貯金（普通預金債権、通常貯金債権及び定期貯金債権）しかなく、遺言がない中で、他方の相続人が遺産分割の申立を行ったというものである。同事案では、これらの預貯金債権が遺産分割の対象となるかが争点となった。

原審では、これらの預貯金債権は相続開始と同時に当然に相続人が相続分に応じて分割取得し、相続人全員の合意がない限り遺産分割の対象とならないと判示されていた。

これに対し、最高裁は、これらの預貯金債権について、相続開始と同時に当然に相続分に応じて分割されることはなく、遺産分割の対象となるものと解するのが相当と判示し、預貯金債権を可分債権として当然分割の対象となると判示した平成16年判例（最判平成16年4月20日）は変更すべきとした。

(3) 平成28年判例が判例変更した理由

平成28年判例は、まず、①一般的に遺産分割においては被相続人の財産をできる限り幅広く対象とすることがのぞましく、現金のように評価についての不確定要素が少なく、具体的な遺産分割の方法を定めるに当

たっての調整に資する財産を遺産分割の対象とすることに対する要請が幅広く存在すること、を認めている。

　その上で、②普通預金契約及び通常貯金契約は、

・いったん契約を締結して口座を開設すると、以後預金者がいつでも自由に預入や払戻をすることができる継続的取引契約であり、口座の既存の預貯金債権と合算され、1個の預貯金債権として扱われるものであり、

・相続が開始してもその預貯金債権の性質は同様であって、預貯金債権は口座によって管理されており、その預貯金契約上の地位を準共有する共同相続人が全員でその契約を解約しない限り、同一性を保持しながら常に残高が変動しうるものとして存在することから、これらの預貯金債権は、相続開始と同時に相続分に応じて当然に分割されることなく、遺産分割の対象となると判示した。

　また、③定期貯金については、

・定期貯金の前身である定期郵便貯金については、郵便貯金方が分割払戻を制限しており、定期貯金についても、定期郵便貯金と同様の趣旨で、契約上その分割払戻が制限されているものと解されること、

・定期貯金の利率が通常貯金のそれよりも高いことは公知の事実であるところ、上記の制限は、預入期間内には払戻をしないという条件と共に定期貯金の利率が高いことの前提となっており、単なる特約ではなく定期貯金契約の要素というべきであること、

・定期貯金債権が相続により分割されると解すると、それに応じた利子を含めた債権額の計算が必要になる事態を生じかねず、定期貯金にかかる事務の定型化・簡素化を図るという趣旨に反すること、

・仮に定期貯金債権が相続により分割されると解するとしても、同債権には上記の制限があるから、共同相続人は共同して全額の払戻を求め

84

ざるをえず、単独でこれを行使する余地はないこと、

から、定期貯金債権は、相続開始と同時に相続分に応じて当然に分割されることなく、遺産分割の対象となると判示した[21]。

(4) 平成29年判例

なお、平成29年判例（最判平成29年4月6日）の事案は、相続人の一人が、金融機関に対し、被相続人の遺産である普通預金債権、定期預金債権及び定期積金債権を法定相続分に応じて分割取得したと主張し、その払戻を求めた事案である。

平成29年判例は、共同相続されたこれらの預貯金債権は、平成28年判例により、相続開始と同時に当然に相続分に応じて分割されることはないと判示した[22]。

(5) 平成28年判例における裁判所の判断が影響を与える範囲

平成28年判例は、事案に則して、普通預金債権、通常貯金債権及び定期貯金債権について、それらの契約内容や性質等に鑑み、相続開始と同時に当然に相続分に応じて分割されることなく、遺産分割の対象となると判示したものであって、可分債権一般について判示したものではないとされる[23]。

このため、平成28年判例によって影響を受けるのは、預貯金債権のみであり、他の金銭債権などの可分債権には影響は生じないと考えるべきとされる。

21　平成29年度重要判例解説85頁

22　平成29年度重要判例解説86頁

23　山川一陽他編「相続法改正のポイントと実務への影響」85頁（日本加除出版、2018年）

Question 17

平成28年判例によって共同相続開始後の預貯金債権は共同相続人にどのように帰属すると解されることとなったか。

Answer

平成28年判例によって従前の判例の立場が変更された結果、共同相続開始後の預貯金債権は共同相続人に準共有される状態となるものと解されることとなった。

預貯金債権が準共有となることの確認

　平成28年判例（最決平成28年12月19日）以前は、預貯金債権について、相続の開始と同時に法律上当然に分割される結果、各共同相続人がその相続分に応じて承継するというのが判例の立場であった（最判昭和29年4月8日）。そのため、各共同相続人は、各々が承継した範囲で預貯金の払戻を請求することができた。この結論にはメリットもデメリットも存在した。これに対し、平成28年判例は、従前の立場を変更し、預貯金債権が当然分割されることを否定した。

　その結果、預貯金債権は遺産分割の対象となり、遺産分割がなされるまでは、共同相続人全員の同意がない限り、共同相続人の一部による個別の権利行使は許されない状態になる。そのため遺産分割がなされるまでは、預貯金債権は（不動産等と同様に）遺産共有の状態となり、共同相続人に準共有される状態となるものと考えられる[24]。

---

[24] 山川一陽他編「相続法改正のポイントと実務への影響」94頁（日本加除出版、2018年）、齋藤毅「最高裁大法廷時の判例」ジュリスト1503号80頁

第4章　遺産分割に関する見直しと金融機関実務

遺産分割以外の場面を規律するものではないこと

　なお、平成28年判例は、預貯金債権について、「昭和29年判例にいう可分債権」＝「相続開始により当然分割される可分債権」には当たらないと判示するものであって、それ以外の、第三者による差押や相続債権者による相殺などの場面では、なお、預貯金債権が当然ながら金銭債権としてまで否定するものではないと解される[25]。

　この点は非常にわかりにくいが、裁判というものは元々必要な範囲でのみ事件を解決するものなので、裁判例は事件の解決に必要な範囲でのみ法的効果を判断することがある。そのため、言い換えれば、①平成28年判例は、従来と異なり、「預金債権は相続における遺産分割の対象になる」ことを確認しただけで、②差押や相殺等の他の法律関係の場面における可分債権であることから生じる処理の余地を否定したものではないと考えられる。

25　山川一陽他編「相続法改正のポイントと実務への影響」95頁（日本加除出版、2018年）、
　　齋藤毅「最高裁大法廷時の判例」ジュリスト1503号80頁

Question 18 平成28年判例を受けて、被相続人が死亡した場合、相続預貯金の払戻はどのようにすればよいか。

Answer

　平成28年判例の考え方を踏まえると、金融機関としては、相続人の一部による法定相続分に対応する分割払戻請求に応じることは法的には困難である。そのため、金融機関としては、遺産分割協議の成立前では、あくまでも、共同相続人全員の同意を得た上で、払戻に応じることが必要になると考えられる。他方で、遺産分割協議の成立後であれば、金融機関は当該協議の内容に従って払戻をすることとなる。

相続預貯金の払戻への影響

　Q17で述べたように、預貯金債権のような可分債権は、従前は、相続の開始と同時に法律上当然に分割され、各共同相続人がその相続分に応じて承継するのが判例の立場であった（最判昭和29年4月8日）。

　しかし、平成28年判例（最決平成28年12月19日）は、従前の判例の立場を変更し、預貯金債権が当然分割されることを否定した。平成29年判例（最判平成29年4月6日）も定期預金債権と定期積金債権について同旨の判断をした。

　これらの判例により、預貯金債権は遺産分割の対象となること、遺産分割がなされるまでは、共同相続人全員の同意がない限り、共同相続人の一部による個別の権利行使は許されない状態になることが明らかとなった。そのため、遺産分割がなされるまでは、預貯金債権は遺産共有の状態となり、共同相続人に準共有される状態となるものと考えられる。

平成28年判例が出されるまでは、金融機関は、相続争いに巻き込まれる事実上のリスクを回避する必要があった。かかるリスク回避のためには、遺産分割協議前の相続預貯金の払戻の請求に際して、相続人全員の同意を取得してきてもらうことが考えられた（全員の同意があれば、後日の紛争発生をある程度防止できるからである）。もっとも、判例の立場からすると、共同相続人各人は自己の持分を請求できるので、かかる請求がなされた場合には、特段の事情がない限り、これに応じることもなされていたとされる。

　しかしながら、平成28年判例の考え方を踏まえると、遺産分割協議前に一部の相続人にのみ払い戻すことは他の共同相続人の権利を侵害することになる。このため、平成28年判例の考え方によれば、共同相続人全員の同意を得た上で、払戻に応じることが必要になると考えられる[26]。

Question 19

被相続人が死亡したが、金融機関がその死亡を知らずに相続預貯金の払戻をした場合にはどうなるのか。

Answer

　金融機関が被相続人死亡の事実を知らず、真実の預金権利者ではない者に対して払戻をしてしまったとしても、当該金融機関において受領権者としての外観を有する者に対する弁済（民法478条）の要件を満たしていれば、その払戻は有効なものとして取り扱われ、金融機関は免責される。

26　遠藤俊英他編「金融機関の法務対策5000講Ⅰ巻」1481頁（金融財政事情研究会、2018年）

真実の預金権利者以外への払戻

被相続人の死亡により、相続預貯金債権は相続人に移転する。

もし、金融機関が当該死亡の事実を知っている場合は、金融機関は、相続預貯金債権の払戻を請求する者が真実の預金権利者であるかどうかを調査しなければならない。

他方で、金融機関が被相続人死亡の事実を知らずに、払戻をしてしまう場合が考えられる。例えば、被相続人の死亡の事実が届け出られないままに、何者かが、（ATMを介して、又は窓口で被相続人であると告げて）払戻の請求をし、金融機関がこれに応じてしまった場合などである。

払戻に対する免責

この場合、金融機関にとっては酷な結果となりえるが、金融機関を救済する方法はないのであろうか。この点については、受領権者としての外観を有する者に対する弁済（民法478条）がある。受領権者としての外観を有する者に対する弁済とは、いかにも債権者らしく見える者から払戻の請求を受け、その者を債権者と信じて（すなわち善意で）債務を弁済した場合、そう信じたことに過失がない限り、その者が債権者でなかったとしても、債権者に対する有効な弁済とされるということを意味する。これは、債権法改正により、「債権の準占有者に対する弁済」の呼称が変更されたものである。条文上、「債権の準占有者」から「受領権者以外の者であって取引上の社会通念に照らして受領権者としての外観を有するもの」へと変更がされているが、実務上弁済が有効となる範囲に

90

直ちに影響をするものではないと考えられる[27]。

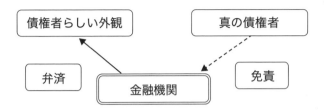

なお、この場合において金融機関が免責されるには、被相続人が死亡したことにつき、善意であること（被相続人の死亡の事実が届け出られていないこと）、及び、無過失であることが必要となる。

Question 20　預貯金債権の準共有持分を差し押さえることはできるか。

Answer

平成28年判例により、各相続人は預貯金債権の準共有部分について、遺産分割が完了するまでは個別の権利行使ができないものとされた。もっとも、この判例によっても預貯金債権の性質まで変更されるものではないと解される。そのため、相続人の債権者は、預貯金債権の準共有部分は、金銭の支払を目的とする債権として、民事執行法143条に基づき差押をすることができると解される。

27　遠藤俊英他編「金融機関の法務対策5000講Ⅰ巻」1305頁（金融財政事情研究会、2018年）

平成28年判例における裁判所の判断が影響を与える範囲

　平成28年判例（最決平成28年12月19日）を受けて、相続開始後、預貯金債権は共同相続人に準共有されることとなった。

　これにより、各相続人は、遺産分割が完了するまでは、預貯金債権の準共有部分を有するとともに、相続人による個別の権利行使は許されないものとなる。

　具体的には、平成28年判例は、「預貯金債権は口座によって管理されており、その預貯金契約上の地位を準共有する共同相続人が全員で契約を解約しない限り、同一性を保持しながら常に残高が変動しうるものとして存在し、各共同相続人に確定額として分割されることはない」と明示している。

差押は「金銭の支払を目的する債権」として可能であるとする見解

　しかし、平成28年判例の判断によっても金銭の支払を目的とする預貯金債権の性質まで変更されるものではないし、遺産分割が完了した後は、相続人は直接金銭の支払を受けることができる。

　このため相続人の債権者は、相続人が保有する預貯金債権の準共有部分に対しては、金銭の支払を目的とする債権として、民事執行法143条に基づき差押をすることができると解される[28]。またこのように解さないと、相続人の債権者を不当に害することにもなりかねない。

28　山川一陽他編「相続法改正のポイントと実務への影響」96頁（日本加除出版、2018年）、阿多博文「預金と民事執行をめぐる諸問題」金融法務事情2071号68頁

第4章　遺産分割に関する見直しと金融機関実務

差押債権者による取立の可否

　次に預貯金債権の準共有持分が差押の対象となるとしても、民事執行法155条に基づいて差押債権者が取立までをもすることができるかどうかが問題となる。

　この点については、①平成29年判例に基づき差押債権者も取立権を行使できないという見解[29]が存在する（このように解するのが平成29年判例の帰結からは素直な理解とも思われる）。これに対して、差押債権者の利益を重視する見解からすると、平成28年判例の射程範囲を限定することが考えられる。具体的には、②平成28年判例に基づいて個別的な権利行使が禁止される範囲は共同相続人に限定されるものの、第三者による権利行使の場面においては預貯金債権者はなお可分債権であり、権利行使の対象となるとする見解がある[30]。いずれの見解が正当であるかは、今後の判例、実務の動向を注視する必要がある。

　なお、このような問題が生じるのは、共同相続人の一部の権利を差し押さえる場面の問題である。そのため、被相続人の債権者が共同相続人全員の準共有持分を差し押さえた場合は、合わせて1個の預貯金債権を差し押さえたことになるので、遺産分割の完了の有無にかかわらず、預貯金債権の直接の取立をすることができると解される[31]。

29　齋藤毅「最高裁大法廷時の判例」ジュリスト1503号81頁、阿多博文「預金と民事執行をめぐる諸問題」金融法務事情2071号68頁

30　浅田隆ほか「11の事例から考える相続預金大法廷決定と今後の金融実務」金融法務事情2063号27頁

31　山川一陽他編「相続法改正のポイントと実務への影響」98頁（日本加除出版、2018年）、潮見佳男ほか「改正相続法の金融実務への影響」金融法務事情2100号8頁

Question 21

金融機関が被相続人に対して貸付債権を有していた場合に、共同相続人の預貯金債権の準共有持分と相殺をすることができるか。

Answer

金融機関が被相続人に対して貸付債権を有している一方で、被相続人が当該金融機関に対して預貯金債権を有している場合において相続が開始したときは、被相続人に対する貸付債権を有する金融機関からの、共同相続人において準共有されている預貯金債権に対する相殺は認められると解される。

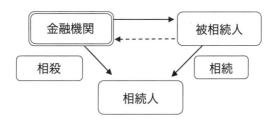

平成28年判例以前の取扱い

平成28年判例（最決平成28年12月19日）が出る前は、預貯金債権は相続開始と同時に当然に法定相続分で分割承継されると扱われてきた。その結果、各共同相続人が法定相続分で分割承継した預金債権と、各共同相続人が法定相続分で承継した被相続人の借入債務（金融機関から見れば被相続人に対する貸付債権）とは、相殺適状であることを前提に、相殺は許容されていた。

第4章　遺産分割に関する見直しと金融機関実務

平成28年判例以後の取扱い

　この点、平成28年判例により、預貯金債権は、相続開始と同時に当然分割されるのではなく、遺産分割の対象となり、遺産分割が完了するまでは、共同相続人全員の同意がない限り、相続人による個別の権利行使が許されないものとされ、共同相続人の準共有となるものと解されることとなった。

　もっとも、金融機関が被相続人に対して貸付債権を有している一方で、被相続人が当該金融機関に対して預貯金債権を有している場合において相続が開始したときは、金融機関としては、被相続人の預貯金債権と同人に対する貸付債権との相殺に強い期待を有しており、この期待は被相続人について相続が発生したことによって害されることは不合理であると考えられる。

　このため、金融機関が被相続人に対して貸付債権を有している状態で、被相続人について相続が開始した場合でも、当該金融機関からの（被相続人から承継された）共同相続人が準共有する預貯金債権に対する相殺は認められるとする見解が多い[32]。

32　山川一陽他編「相続法改正のポイントと実務への影響」103頁（日本加除出版、2018年）、齋藤毅「最高裁大法廷時の判例」ジュリスト1503号82頁、浅田隆ほか「11の事例から考える相続預金大法廷決定と今後の金融実務」金融法務事情2063号22頁

Question 22
平成28年判例による判例変更によって仮分割の仮処分の要件が変わったのか。

Answer

平成28年判例を踏まえ、預貯金債権は相続開始に伴い各共同相続人に当然に分割承継されないこととなったため、遺産分割の完了前に預貯金債権の払戻しをすることができなくなってしまった。これにより生じる不都合を回避するため、遺産分割審判を本案とする仮分割の仮処分の手続を活用することが考えられる。もっとも、仮処分ができる場合が、共同相続人の「急迫の危険を防止」する必要があるときに限定されており、その要件は極めて厳格であるため、今般の相続法改正によって、要件を緩和させた新たな仮分割の仮処分の規定がおかれることとされた。

判例変更について

　平成28年判例（最決平成28年12月19日）において、従前の判例が変更され、預貯金債権が遺産分割の対象に含まれるものと判示された。

　そもそも預貯金債権については、従前は、相続開始と同時に各共同相続人に分割され、各共同相続人は分割により自己に帰属した債権を単独で行使することができるとされていた。

　しかしながら、預金債権は遺産分割の対象になるという一般の理解を踏まえ、平成28年判例により、遺産分割までの間は、預貯金債権は、共同相続人全員が共同して行使しなければならないこととなった（金融機関からすると、従前の実務を変更するような判例変更が何故行われるか疑問に思われるかもしれないが、司法の機能としては、立法・行政の対

応では捉えきれない社会の変化・要請を「判例変更」という形で社会に示す機能が求められている）。

　もっとも、この判例変更により、共同相続人において被相続人が負っていた債務の弁済をする必要がある場合や、被相続人から扶養を受けていた共同相続人の当面の生活費を支出する必要がある場合に不都合が生じることとなった。

　つまり、共同相続人間で争いがある場合等には、共同相続人の全員の同意を得ることができないため、被相続人が有していた預貯金を遺産分割前に払い戻すことができなくなってしまったのである。

判例変更と仮分割の仮処分

(1) 仮分割の仮処分の機能

　この場合、遺産分割の審判を本案とする仮の地位を定める仮処分（以下「仮分割の仮処分」という）として、家事事件手続法200条2項に定める仮分割の仮処分の手続を活用することが考えられる（なお、この他に後述する仮払い制度、一部分割が考えられる）。

　遺産分割について、相続人間で協議が調わない場合、家庭裁判所に遺産の分割を請求することができるとされている（民法907条2項）。この場合、家庭裁判所は、遺産分割審判によって、遺産をどのように分けるのかを決定することとなる。しかしながら、一般的に審判が出されるまでには相当の期間（少なくとも数か月）を要するため、緊急的に遺産の分割についての判断が必要とされる場合に対応することができない。そのような場合に対応するため、遺産分割の審判（又は調停）の申立があったことを前提として、遺産分割の審判が出される前に、さしあたり自ら

が相続人であることに基づき行える権利行使を認める制度として、仮の地位を定める仮処分の制度が定められている。

(2) 平成28年判例と仮分割

この点、平成28年判例を踏まえ、預貯金債権は相続開始に伴い各共同相続人に当然に分割承継されないこととなり、遺言がない場合、全ての共同相続人の合意がなければ、金融機関としては、共同相続人の一部からの払戻の請求に応じることができなくなった。しかしながら、相続債権者に対する弁済や葬式費用の支払、また、共同相続人の生活の維持のために、遺産分割の完了前に預貯金債権の払戻を認める必要性は依然として存在する。そのような中で、共同相続人間で争いがあり、事前の払戻の合意もできず、遺産分割協議もできない場合に、遺産分割審判が出されないと預貯金債権の払戻ができないとなると、不都合が生じる。このような場合には、遺産分割審判を本案とする仮分割の仮処分の手続を活用することが考えられる。

(3) 仮分割の要件の緩和

もっとも、現行家事事件手続法200条2項に定める仮分割の仮処分の手続においては、仮処分ができる場合が、共同相続人の「急迫の危険を防止」する必要がある場合に限定されており、その要件は極めて厳格である。

このため、改正民法と関連して改正がなされた改正後家事事件手続法200条3項において、
・家庭裁判所は、遺産の分割の審判又は調停の申立があった場合において、
・相続財産に属する債務の弁済、相続人の生活費の支弁（支払）その他

の事情により遺産に属する預貯金債権を当該申立をした者又は相手方が行使する必要があると認めるときは、
・その申立により、遺産に属する特定の預貯金債権の全部又は一部をその者に仮に取得させることができるものとする、新たな仮分割の仮処分の規定がおかれることとされた[33]。

このように、今回の相続法改正により、共同相続人は、一定の必要がある場合に預貯金債権について仮分割の仮処分の手続を実行することが容易となった。

Question 23 仮分割の仮処分の手続の進め方はどのようなものか。

Answer

仮分割の仮処分の手続は、原則として、遺産分割の審判の手続と同様に進められる。

遺産分割の審判手続

複数の相続人があるときに、共同相続人は、遺言で禁止された場合を除き、いつでも遺産分割協議をすることができる。しかしながら、遺産分割協議が調わない場合又は遺産分割協議ができない場合は、遺産分割を家庭裁判所に請求することができる。

家庭裁判所では、遺産分割は別表第二審判・調停事項として取り扱わ

---

33 中間試案後に追加された民法（相続関係）等の改正に関する試案（追加試案）の補足説明12頁

れている（家事事件手続法39条、別表第二12項）。

　家庭裁判所は、遺産の分割の審判・調停の申立があった場合において、家事事件手続法200条に定める必要があるときは、遺産の分割の審判を本案とする仮差押、仮処分その他の必要な保全処分を命ずることができるものとされている（必要な保全処分の中に、仮の地位を定める仮処分がある）。

仮処分の手続

　仮の地位を定める仮処分は、事件の関係人の急迫の危険を防止するために、一定の法律関係を形成するものであって、執行保全を目的とする仮差押えや係争物に関する仮処分とは性質を異にする。

　改正後家事事件手続法200条3項に基づく仮の地位を定める仮処分では、①遺産の分割の審判又は調停の申立があった場合において、②相続財産に属する債務の弁済、相続人の生活費の支弁（支払）その他の事情により遺産に属する預貯金債権を行使する必要があるときは、③他の共同相続人の利益を害しない限り、④相続人の申立により、⑤遺産に属する特定の預貯金債権の全部又は一部を申立人に仮に取得させることができるものとされている。

　①については、他の家事事件の保全処分と同様に、本仮処分を申し立てるにあたっては、遺産分割の調停又は審判の本案が家庭裁判所に係属している必要があるとするものである。

　②については、本仮処分は、相続財産に属する債務の弁済、相続人の生活費の支弁（支払）など家庭裁判所が遺産に属する預貯金債権を行使する必要があると認める場合に許容されるとするものである。そして、その必要性の判断については、家庭裁判所の判断に委ねる趣旨である。

第 4 章　遺産分割に関する見直しと金融機関実務

　③については、本仮処分は他の共同相続人の利益を害しない限り認められるとするものである[34]。

　④については、本仮処分は、遺産分割の調停又は審判の申立をした申立人又は相手方（共同相続人の一人又は数人）の申立によることとするものである。この点は、家事事件手続法200条2項の仮処分と同様である。

　⑤については、本仮処分は、一定の要件のもとで、家庭裁判所が、預貯金債権の仮分割の仮処分をすることができるとするものである[35]。

34　具体的な審査の内容については、個別具体的な事件を担当する裁判官の判断に委ねられる。もっとも、（ア）原則として、遺産の総額に申立人の法定相続分を乗じた額の範囲内（相手方から特別受益の主張がある場合には具体的相続分の範囲内）で仮払を認める、（イ）被相続人の債務の弁済を行う場合には、（ア）の額を超えた仮払を認めることもありうる、（ウ）（ア）の額の範囲内での仮払を認めるのも相当でなく、当該預貯金債権の額に申立人の法定相続分を乗じた額の範囲内に限定するのが相当な場合（例えば、預貯金債権のほかには一応の資産価値はあるが市場流通性の低い財産が大半を占めている場合。このような場合には、他の共同相続人も預貯金債権の取得を希望することが多いと思われる）にはその部分に限定することもあり得る、といった解釈論を許容することが想定されている。中間試案後に追加された民法（相続関係）等の改正に関する試案（追加試案）の補足説明13頁。

35　仮分割がされた場合における本案における遺産分割については、民事事件における保全と本案訴訟との関係と同様に解することができるものと考えられ、原則として、仮分割により申立人に預貯金の一部が給付されたとしても、本案の分割においてはそれを考慮すべきではなく、改めて仮分割された預貯金債権を含めて遺産分割の調停又は審判をすべきものと考えられる。中間試案後に追加された民法（相続関係）等の改正に関する試案（追加試案）の補足説明14頁。

101

Question 24 仮分割と本分割（遺産分割審判の結論による分割）の判断が異なった場合に払戻は有効となるのか。

Answer

仮分割により特定の相続人が預貯金債権を取得し、その債務者である金融機関から支払を受けた場合は、当該金融機関との関係では有効な弁済として扱われるものとされる。このため、もし、本分割において仮分割と異なる判断が示されたとしても、当該金融機関が行った弁済の有効性が事後的に問題となる余地はないとされている。

仮分割による払戻の有効性

家事事件手続法200条3項の改正により、金融機関は、仮分割の仮処分の手続に基づいて共同相続人の一部から相続財産に属する預貯金の支払を求められる可能性がある。

この点、仮分割により特定の相続人が預貯金債権を取得し、その債務者である金融機関から支払を受けた場合は、当該金融機関との関係では有効な弁済として扱われるものとされる。

そして、もし、本分割において仮分割と異なる判断が示されたとしても、当該金融機関が行った弁済の有効性が事後的に問題となる余地はないとされている[36]。

これは仮分割によって金融機関が払戻を要求されたのにもかかわらず、後の本分割で違う結果が出たとしても、その結果の不一致を金融機関が責任を負うのは酷にすぎるからである。

---

36 中間試案後に追加された民法（相続関係）等の改正に関する試案（追加試案）の補足説明16頁注5

第4章 遺産分割に関する見直しと金融機関実務

　金融機関としては平成28年判例（最決平成28年12月19日）によって判例変更がなされた結果、仮分割の要件が緩やかになったため、対応すべき作業が増加したと感じることもあるかもしれないが、多くの判例によって金融機関もメリットを受けていること（例えば「相殺における無制限説」など）及び仮分割と異なる判断がなされたことの不都合の解消も検討されていることから、今回の改正について理解を示していただきたい。

 預貯金の「仮払制度」とは何か。

Answer

　相続された預貯金債権について、生活費や葬儀費用の支払、相続債務の弁済などの資金需要に対応できるよう、家庭裁判所の判断を経ないで、遺産分割前にも払戻が受けられる制度が創設された。

仮払制度の創設

　前述の仮分割の仮処分の手続による方策は、保全処分の要件を緩和したにすぎないものである。
　そのため、相続開始後に共同相続人の一部に預貯金を引き出す必要性が生じた場合において、裁判所に保全処分の申立をしなければ単独での預貯金の払戻が一切認められないのであれば、相続人の負担は依然として大きいといわざるを得ない。
　そこで、（仮分割より簡便な制度として）相続開始後、一定の上限を設

けた上で、裁判所の判断を経ることなく、金融機関の窓口において共同相続された預貯金債権について仮払を受けられる制度を設けることとされた。

　具体的には、各共同相続人は、遺産に属する預貯金債権のうち相続開始のときの債権額の3分の1に当該共同相続人の法定相続分割合を乗じた額については、単独でその権利を行使することができるものとされた（改正後民法909条の2）。

　ただし、単独で権利行使できるのは、標準的な当面の必要生計費、平均的な葬式の費用の額その他の事情を勘案して預貯金債権の債務者である金融機関ごとに法務省令で定める額を上限とするものとされている（要綱案の検討過程において、上限額を100万円とすることで議論がされていたため、法務省令で定める上限額もこれに近い金額となることが見込まれる）。

Question 26

「仮払制度」に基づく相続預金の払戻請求権は、それ自体で譲渡、差押をすることが可能なのか。

Answer

　平成28年判例によって、相続開始によって共同相続人の準共有となったものと解される預貯金債権について、共同相続人の一人が自己の準共有持分を第三者に譲渡したり、当該共同相続人の債権者がその準共有持分を差し押さえることは可能であるが、「仮払制度」に基づき当該共同相続人に認められる預貯金の払戻請求権それ自体を独自に観念することはできないため、これを譲渡したり、差し押さえたりすることはできないものと考えられる。

仮払制度に基づく払戻請求権の譲渡・差押はできない

　平成28年判例（最決平成28年12月19日）により、共同相続された預貯金債権は、遺産分割の対象とされることとなり、共同相続人の一人による単独での権利行使が許されないこととなった。そして、今回の相続法改正によって「仮払制度」が導入された。これは、平成28年判例を受けて、預貯金債権の単独行使が許されなくなった不都合を回避するために、法律上の規定を設けて預貯金債権のうち一定額については単独での権利行使を可能とするものである。このため、「仮払制度」は、元の預貯金債権とは性質の異なる複数の預貯金債権を創設するものではない。

　したがって、相続開始によって共同相続人の準共有となったものと解される預貯金債権について、共同相続人の一人が自己の準共有持分を第三者に譲渡したり、当該共同相続人の債権者がその準共有持分を差し押さえることが可能であると考えるとしても、本制度に基づいて当該共同相続人に認められる預貯金の払戻請求権それ自体を独自に観念することができないため、「仮払制度」に基づく相続預金の払戻請求権自体を譲渡したり、差し押さえたりすることはできないものと考えられる[37]。

第三者への地位の移転

　なお、預貯金債権の準共有持分を譲渡することによって、「仮払制度」に基づいて認められる単独で預貯金債権の仮払を受けることができる地位が第三者に移転することとなるかについては、移転しないと解するべきと考えられる。「仮払制度」は、遺産分割までの間は預貯金債権を単独

37　民法（相続関係）部会第25回補足説明（要綱案のたたき台(4)）10頁

で権利行使することができないことにより定型的に相続人に生じる可能性のある不都合を解消するために特に設けられた制度であるところ、当該持分の譲渡を受け、又は差押をした第三者については、そのような不都合は生じないと考えられるためである（当該持分を譲り受けた第三者には、準共有分割を経るなどして、換価する手段が残されている）[38]。

Question 27 銀行窓口では「仮払制度」利用者に対して何を確認すればよいか。

Answer

金融機関は、仮払の請求をする相続人に対して、①単独で払戻をすることができる額の算定に必要となる相続人及びその法定相続分の特定のために必要な戸籍謄本、②当該相続人の印鑑証明書、③金融機関所定の相続書類への当該相続人の署名押印の提出を求めることが考えられる。

確認事項と徴求すべき書類

金融機関実務との関係では、今回の相続法改正によって導入された「仮払制度」に基づいて、金融機関は、共同相続人の一部から、預貯金債権について単独での払戻の要請を受けることが考えられる。

その場合、金融機関としては、限度額の範囲内で希望の金額について共同相続人に対する預貯金債権の払戻に応じるべきであるが、

ア．相続開始時＝被相続人の死亡時点の預貯金債権の金額がいくらで

---

38 民法（相続関係）部会第25回補足説明（要綱案のたたき台（4））10頁

あるか
　イ．当該共同相続人の法定相続分はどうなっているのか
　ウ．払戻金額は法定の上限金額を超えていないか
に留意する必要があると考えられる。

　このため、金融機関は、仮払の請求をする相続人に対して、①単独で払戻をすることができる額の算定に必要となる相続人及びその法定相続分の特定のために必要な戸籍謄本、②当該相続人の印鑑証明書、③金融機関所定の相続書類への当該相続人の署名押印の提出を求めることが考えられる[39]。

　なお、仮払後の預貯金の残額の払戻については、原則として、遺産分割の結果に基づいて行うこととなる。

Question 28　「仮払制度」の設計上の問題点としてはどのようなものがあるのか。

Answer

　預貯金の「仮払制度」は、相続開始時の預貯金債権の額を基準として各共同相続人が権利行使できる金額を算定するものとされているため、何らかの理由で仮払請求時において、相続開始時よりも預貯金残高が減少している場合には、共同相続人が仮払を受けられるかどうかは早い者勝ちになってしまい、不公平が生じてしまう可能性がある。また、共同相続人の一部が特別受益を受けている場合においても、不公平が生じてしまう可能性がある。

39　山川一陽他編「相続法改正のポイントと実務への影響」318頁（日本加除出版、2018年）

仮払制度の問題点

　預貯金の「仮払制度」は、相続開始時の預貯金債権の額を基準として各共同相続人が権利行使できる金額を算定するものとされている。もっとも、現実には、共同相続人の一部が金融機関に対して被相続人の死亡を届け出ず口座凍結前に預貯金の払戻しをすることがあり得、その場合、預貯金の仮払の請求時には、相続開始時よりも預貯金残高が減少している場合が考えられる。

　そのような場合、金融機関としては、相続開始時の預貯金債権の額を基準として仮払の金額を算出するものとなることから、相続開始時より減少した預貯金残高の金額次第では、すべての共同相続人からの仮払の請求に対応することができなくなり、結果として、共同相続人が仮払を受けられるかどうかは早い者勝ちになってしまうものと考えられる。

　また、共同相続人の一部が特別受益を受けており、その具体的相続分は法定相続分よりも少ない場合がある。この場合においても、「仮払制度」によって認められる仮払の金額は法定相続分が基礎となることから、特別受益を受けている共同相続人も、特別受益を受けていない他の共同相続人と同額の仮払を受けることができてしまう。

　仮払制度におけるこのような事態は、仮払制度の設計上やむを得ないものとされている[40]。

40　民法（相続関係）部会第25回議事録8頁神吉関係官発言

第4章　遺産分割に関する見直しと金融機関実務

Question 29　遺産の一部分割をすることは認められるか。

Answer

　従前は、遺産の一部分割は実務上行われていたが、明文上はそれが許容されるかどうかが明らかではなかった。もっとも、今回の相続法改正によって、従前から実務上行われていた遺産の一部分割についても正面から許容されることが明らかとされた。

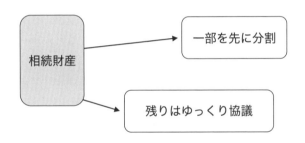

改正法により遺産の一部分割が許容

　従前は、遺産分割協議に関し、共同相続人は、被相続人が遺言で禁じた場合を除き、「いつでも、その協議で、遺産の分割をすることができる」（旧民法907条1項）とされるのみであり、明文上一部分割が許容されるかどうかが明らかではなかった。

　もっとも、遺産分割事件を早期に解決するためには、争いのない遺産について先行して一部分割を行うことが有益である。

　現在の実務上も、一定の要件の下であれば一部分割も許されるとする見解が一般的である。

　さらに、平成28年判例（最決平成28年12月19日）が出され、預貯金

109

債権も遺産分割の対象となったことにより、遺産の中に預貯金債権だけでなく遺産分割が難しい資産（例えば、無価値の原野などの引取り手がない資産が考えられる）が含まれている等の場合に、遺産分割がなかなか完了しないために、遺産である預貯金を解約して相続税を支払ったり、残された配偶者の生活費を賄ったりすることが困難となった。そのような場合に備えて、改正民法に基づいて、仮分割の仮処分の手続を実行することや預貯金の仮払を受けることも考えられるものの、すでに実務上行われている遺産の一部分割を認めることも有益であると考えられる。

　このため、今回の相続法制の改正を機会に、明文上、遺産の一部分割をすることが認められることとなった。

　具体的には、共同相続人は、被相続人が遺言で禁じた場合を除き、「いつでも、その協議で、遺産の全部又は一部の分割をすることができる」ものとされた（改正後民法907条1項）。

　また、遺産の分割について、共同相続人間で協議が調わないとき、又は協議をすることができないときは、各共同相続人は、その全部又は一部の分割を家庭裁判所に請求することができるとされた。ただし、遺産の一部を分割することにより他の共同相続人の利益を害するおそれがある場合におけるその一部の分割については、この限りでないとされた（改正後民法907条2項）。

　今回の相続法改正では、平成28年判例を踏まえ、仮分割の仮処分の制度や預貯金の仮払の制度が新たに設けられたが、従前から実務上行われていた遺産の一部分割についても正面から許容されることが明らかとされた。このため、今後の金融機関実務においては、従前よりも遺産の一部分割を行った上での預貯金の払戻請求を受ける可能性が高い。

第4章　遺産分割に関する見直しと金融機関実務

Question 30 相続開始後遺産分割前に共同相続人の一人が遺産に属する財産を処分した場合には、遺産分割においてどのような不都合が生じるのか。

Answer

　遺産分割は、相続開始時に存在し、かつ、遺産分割時に存在する財産を共同相続人間において分配する手続であるため、何らかの事由により遺産分割時に存在しなくなった財産については遺産分割の対象とはならない。他方で、民法上は、遺産共有となった遺産について共同相続人はその共有持分を処分することは禁じられていないから、共同相続人の一人が遺産分割の前に処分してしまった遺産は、遺産分割の対象から除かれてしまうこととなりかねず、その結果として、当該処分をしてしまった者の最終的な遺産の取得額が他の共有相続人よりも大きくなってしまうという不公平が生じうる。

現行法上の問題点

　共同相続された相続財産は、原則として遺産共有となる（民法898条）。
　そして、その共有状態の解消は、遺産分割の手続によることとなる（民法907条）。
　この点、遺産分割は、相続開始時に存在し、かつ、遺産分割時に存在する財産を共同相続人間において分配する手続である。
　このため、第三者が相続財産を毀損、滅失させた場合など、遺産分割時には存在しない財産については、遺産分割の対象とはならないものと考えられる。
　一方で、民法上、遺産共有となった遺産については、共同相続人がその共有持分を処分することは禁止されていない。

しかし、現行法上、共同相続人が共有持分を処分した場合に、遺産分割においてどのように処理すべきか規定がなく、また、これに明確に言及した判例もないとされている[41]。

　このため、共同相続人の一人が遺産分割の前に処分してしまった遺産は、遺産分割の対象から除かれてしまうこととなりかねず、その結果として、当該処分をしてしまった者の最終的な遺産の取得額が他の共有相続人よりも大きくなってしまうという不公平が生じることとなる。

具体例の検討

　法務省のホームページに掲載されている事例[42]を具体例として検討する。相続人が長男と次男の2人の子である被相続人について、預金2,000万円の遺産を残して相続が開始したが、被相続人が長男に対して2,000万円を生前贈与しており、長男に2,000万円の特別受益がある場合である。

　この点、通常であれば、
・長男の具体的な相続分は（遺産2,000万円＋特別受益2,000万円）×法定相続分1/2－特別受益2,000万円＝0円となり、
・次男の具体的な相続分は（遺産2,000万円＋特別受益2,000万円）×法定相続分1/2＝2,000万円となり、
・遺産である預金2,000万円は、全て次男が相続することとなる。

　ところが、何者かが相続開始後、密かに預金から1,000万円を引き出していた場合、遺産分割時に存在する遺産は預金1,000万円のみであり、何者かが密かに引き出した1,000万円は遺産分割時に存在しない財産とし

41　中間試案後に追加された民法（相続関係）等の改正に関する試案（追加試案）の補足説明31頁
42　http://www.moj.go.jp/content/001263486.pdf

112

て、遺産分割の対象とならないこととなる。

この場合、長男の具体的な相続分は（遺産1,000万円＋特別受益2,000万円）×法定相続分1/2－特別受益2,000万円＝－500万円であり、次男の具体的な相続分は（遺産1,000万円＋特別受益2,000万円）×法定相続分1/2＝1,500万円となる。

この場合、2,000万円の特別受益を受けている長男から500万円を持ち戻させ、次男に1,500万円（遺産1,000万円＋持戻し500万円）を相続させるならば、長男も次男も、その相続分は1,500万円となり公平な結論となるはずである。

しかしながら、民法上は、自己の相続分を超過する特別受益を受けた相続人がいる場合は、その相続分を受けることができないとされるのみであって（民法907条2項）、超過分を持ち戻す必要まではないとされている。このため、長男は特別受益の超過分である500万円を持ち戻す必要がないので、その実質的な相続分は2,000万円である。他方で、次男は、遺産である預金1,000万円を相続することとなるが、長男から特別受益の超過分である500万円の持戻がされないため、その実質的な相続分は1,000万円である。

そうすると、この相続においては、長男は実質的には特別受益2,000万円を取得し特別受益の超過分だけ得をし、次男は預金1,000万円を取得することになり特別受益の超過分だけ損をし、その実質的な相続分に不公平が生じてしまうが、民法907条2項はかかる不公平については許容しているものと考えられる。

しかしながら、もし、この場合に相続開始後に密かに預金から1,000万円を引き出したのが長男である場合は、実質的には長男が特別受益2,000万円に加えて密かに引き出した1,000万円の合計3,000万円を取得し、特別受益の超過分に加えて、密かに引き出した預金分も得をするのに対し、

113

次男は遺産分割時に存在した預金1,000万円しか取得できず、特別受益の超過分だけでなく、密かに引き出された預金分も損をすることとなってしまい、民法907条2項が許容しているよりもなお、不公平が拡大されてしまう。

　もちろん、長男が相続開始後に密かに預金1,000万円を引き出す行為は、不法行為であり、長男には不当利得もあると考えられるから、次男は長男に対して民事訴訟を提起し、当該不公平の解消を図ることが考えられる。

　しかしながら、具体的相続分の算定においては、誰が引き出したかにかかわらず、相続開始後密かに引き出された1,000万円は遺産分割時には存在しない遺産となり具体的相続分の算定において考慮されなくなってしまうため、長男が引き出した場合であっても、次男の具体的相続分は1,500万円であり、次男に生じた損害額は次男の具体的相続分が侵害されている500万円にとどまるから、次男は長男に対して500万円しか請求をすることができない。

　この場合、長男は実質的には特別受益2,000万円と密かに引き出した預金のうち500万円の合計2,500万円を実質的に取得し、特別受益の超過分に加えて、密かに引き出した預金の半分も得をするのに対し、次男は預金1,000万円と長男からの損害賠償金500万円の合計1,500万円を実質的に取得することになるが、特別受益の超過分だけでなく、密かに引き出された預金の半分も損をすることとなり、依然として、民法907条2項が許容する以上の不公平が生じたままとなってしまうという不都合が生じるのである。今回の相続法改正では、この点の是正が図られた。

第4章 遺産分割に関する見直しと金融機関実務

Question 31 今回の相続法改正において、共同相続された相続財産について相続開始後遺産分割前に共同相続人の一人が遺産に属する財産を処分した場合に生じる不公平はどのように解消されたのか。

Answer

　今回の相続法改正においては、遺産の分割前に遺産に属する財産を処分した場合の遺産の範囲について新しい規律を設けることとした。具体的には、まず、遺産の分割前に遺産に属する財産が処分された場合であっても、共同相続人は、その全員の同意により、当該処分された財産が遺産の分割時に遺産として存在するものとみなすことができるものとされた。そして、共同相続人の一人又は数人により遺産に属する財産が処分された場合には、その処分をした共同相続人については、遺産として存在するものとみなす旨の同意を得ることを要しないものとされた（改正後民法906条の2）。

不公平の是正策

　今回の相続法改正においては、共同相続された相続財産について生じる不公平を是正する方策として、遺産の分割前に遺産に属する財産を処分した場合の遺産の範囲について新しい規律を設けることとした。

　具体的には、まず、遺産の分割前に遺産に属する財産が処分された場合であっても、共同相続人は、その全員の同意により、当該処分された財産が遺産の分割時に遺産として存在するものとみなすことができるものとされた。

　そして、共同相続人の一人又は数人により遺産に属する財産が処分された場合には、その処分をした共同相続人については、遺産として存在するものとみなす旨の同意を得ることを要しないものとされた（改正後

115

民法906条の2）。

　すなわち、Q30の事例においては、次男の同意さえあれば、長男が密かに引き出した1,000万円を、長男の同意なくして、遺産の分割時に遺産として存在するものとみなすことができるため、長男の具体的相続分は（預金1,000万円＋みなし1,000万円＋特別受益2,000万円）×法定相続分1/2－特別受益2,000万円＝0円となり、次男の具体的な相続分は（預金1,000万円＋みなし1,000万円＋特別受益2,000万円）×法定相続分1/2＝2,000万円となり、次男は預金1,000万円を取得できるほか、長男から1,000万円の損害賠償金を取得できることとなる。

　これにより、「遺産分割前に遺産に属する財産の処分をした共同相続人」以外の共同相続人全員が同意すれば、当該処分された財産も遺産分割の対象に含めることができることとなり、不公平が是正されることとなった。

第4章　遺産分割に関する見直しと金融機関実務

Question 32 共同相続人の一部が口座凍結前に預金の払戻をした場合に、その払戻の効果はどうなるのか。

Answer

平成28年判例により、共同相続された預貯金債権は、遺産分割の対象とされることとなり、共同相続人の一人による単独での権利行使が許されないこととなった。もっとも、金融機関との関係では、共同相続人の一部が、仮払の制度等によらずに、被相続人の死亡を金融機関に届け出ず、口座凍結前に預貯金の払戻をする場合が考えられる。このような場合であっても、金融機関において、被相続人が死亡したことについて、善意無過失である場合は、受領権者としての外観を有する者に対する弁済として、金融機関は免責されることとなると考えられる。

「勝手払」に対する免責の有無

　平成28年判例（最決平成28年12月19日）により、共同相続された預貯金債権は、遺産分割の対象とされることとなり、共同相続人の一人による単独での権利行使が許されないこととなった。もっとも、金融機関との関係では、共同相続人の一部が、仮払の制度等によらずに、被相続人の死亡を金融機関に届け出ず、口座凍結前に（ATMを介して、又は窓口で被相続人であると告げて）預貯金の払戻の請求をする場合（以下「勝手払」という）が考えられる。このような場合に、金融機関が被相続人死亡の事実を知らず、勝手払に応じてしまった場合に免責されるかが問題となる。

　この点、金融機関が預貯金債権の払戻の免責を受ける法的な根拠とし

ては、受領権者としての外観を有する者に対する弁済（民法478条）がある。なお、これは、債権法改正により、「債権の準占有者に対する弁済」の呼称が変更されたものである。条文上、「債権の準占有者」から「受領権者以外の者であって取引上の社会通念に照らして受領権者としての外観を有するもの」へと変更がされているが、実務上弁済が有効となる範囲に直ちに影響するものではないと考えられる[43]。

受領権者としての外観を有する者に対する弁済とは、いかにも債権者らしく見える者から払戻の請求を受け、その者を債権者と信じて（すなわち善意で）債務を弁済した場合、そう信じたことに過失がない限り、その者が債権者でなかったとしても、債権者に対する有効な弁済とされるということを意味する。

このため、この場合において金融機関が免責されるには、被相続人が死亡したことにつき、善意であること（被相続人の死亡の事実が届け出られていないこと）、及び、無過失であることが必要となる。

金融機関において、被相続人が死亡したことについて、善意無過失である場合は、勝手払に応じた場合であっても、受領権者としての外観を有する者に対する弁済として、金融機関は免責されることとなると考えられる。

43　遠藤俊英他編「金融機関の法務対策5000講Ⅰ巻」1306頁（金融財政事情研究会、2018年）

Question 33 民法906条の2と「仮払の制度」との関係はどのように考えればよいのか。

Answer

「仮払の制度」は、遺産分割前の共同相続人による権利行使を許容した制度であるので、その意味では、共同相続人が相続開始後遺産の分割前に遺産に属する財産を処分した場合を規定した民法906条の2の特則であると考えられる。これに対して、金融機関が「仮払制度」によらず、債務者らしい外観を有した者に（リスクを踏まえて）支払を行った場合（いわゆる「勝手払」に応じた場合）は、本則に戻って、民法906条の2が適用されることとなると考えられる。

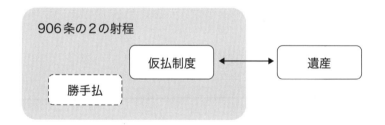

仮払制度は民法906条の2の特則である

　共同相続人の一部が遺産の分割前に遺産に属する財産を処分した場合は、改正後民法906条の2の規定に基づき処理される。具体的には、当該処分をした者を除く共同相続人の全員の同意により、当該処分された財産が遺産の分割時に遺産として存在するものとみなすことができるものとされた。

　他方で、仮払制度は、共同相続人の一部が遺産の分割前に遺産に属す

る財産を処分するひとつの類型であるが、遺産に属する預貯金債権のうち相続開始の時の債権額の3分の1に当該共同相続人の法定相続分割合を乗じた額について、単独でその権利を行使することが認められている。

　これは、共同相続人の一部が遺産の分割前に遺産に属する財産を処分した場合、原則として民法906条の2に基づいて処理がなされるが、仮払制度は民法906条の2の特則であるため、仮払制度が利用されたときは、民法906条の2に従った処理は不要となると理解することができる[44]。

44　民法（相続関係）部会第25回議事録8頁神吉関係官発言。なお、共同相続人の一人が、金融機関に対して被相続人の相続人であることを主張せず、被相続人名義のキャッシュカードを用いてATMから勝手に預金を引き出したり、被相続人の名義を冒用して自らが被相続人自身であると称して金融機関の窓口で払戻しを求めたりする行為（いわゆる「勝手払」行為）をしたときは、仮払制度に基づく請求とはいえないため、原則に戻って、民法906条の2に従って処理がされることとなると考えられる。

第4章 遺産分割に関する見直しと金融機関実務

Question 34 金融機関は、仮払を請求する相続人について、勝手払により払戻を受けたかどうかの確認をする必要があるか。

Answer

　被相続人の死亡後、共同相続人の一人が勝手払による払戻を受け、さらに金融機関に被相続人の死亡を届け出た上で仮払の請求をしてくる場合において、金融機関としては、もし相続開始後に相続預貯金の残高が減っていることが確認できたとしても、（相続関係部会での発言によると）それが誰による払戻なのかということを調査する義務までは負わないと考えられる。

勝手払による払戻の確認は困難

　被相続人の死亡後、共同相続人の一人が勝手払による払戻を受け、さらに金融機関に被相続人の死亡を届け出た上で仮払の請求をしてくる場合が考えられる。

　この場合、金融機関としては、当該共同相続人が勝手払による払戻を受けた者であるかどうかの確認をする必要があるかどうかが問題となる。

　この点、特にATMを介して勝手払が行われた場合、金融機関としては誰が勝手払による払戻を受けたのかを確認することは困難である。また、仮払の制度が定められた趣旨は、簡易迅速に預貯金の支払を行って相続人の遺産分割前の資金需要に応える点にある。このため、仮払制度に基づき払戻を求められた金融機関としては、相続開始後に相続預貯金の残高が減っていることが確認できたとしても、それが誰による払戻なのかということを調査する義務までは負わないとの指摘がなされてい

121

る[45, 46]。

---

45 民法（相続関係）部会第25回議事録9頁神吉関係官発言

46 同議事録によれば、相続開始後に共同相続人の一人が他の共同相続人に無断でATM
から引出をする行為は、本来は禁止されている違法行為であるため、そのような勝手払
による払戻を受けた共同相続人が、更に仮払制度に基づいて仮払を求めるということは、
事後的に精算が予定されているとはいっても適切な行為であるとは言いがたく、このため、
仮払の制度に基づく払戻を求められた金融機関としては、当該払戻を求めた者が相続開
始後にATMで引出をしていたと言うことが明らかである場合（例えば、金融機関窓口で
勝手払による払戻を受けたことを自己申告した場合など）には、仮払の請求については
権利濫用に当たるとして拒むこともできると考えられるとの発言がある。

第5章　遺言制度に関する見直し

Question 35 自筆証書遺言の方式の見直しの概要はどのようなものか。

Answer

自筆証書遺言のうち、遺言と一体となるものとして添付する財産目録については、自書によらなくともよいものとされた。

自書によらない財産目録の許容

　近時、自筆証書遺言の利用は年々増加している。もっとも、今回の相続法改正がされるまでは、自筆証書遺言は「全文、日付及び氏名」を全て自書しなければならないとされていた（民法968条1項）。このため、財産が多数ある場合に、遺言書に財産目録を添付する場合が多いけれども、そのような場合であっても、財産目録も含めて、全て自書でなくてはならないものとされていた。

　しかしながら、特に遺言書を作成しようとする方が高齢者である場合は、財産目録を含めた全文を自書することはかなりの労力を伴うものであり、大きな負担となっている。

　このため、この点が自筆証書遺言の利用を妨げる要因となっていた。

　そこで、改正後民法968条2項として、自筆証書遺言を作成する場合において、自筆証書にこれと一体のものとして相続財産の全部又は一部の目録を添付する場合には、その目録については、自書することを要しないものとする規定が追加された。これにより、自筆証書遺言に、財産目録としてパソコンで作成した一覧表を添付したり、預貯金通帳のコピーを添付したりすることができるようになり、特に財産が多数ある場合の

自筆証書遺言作成の負担が軽減されることとなった。

　ただし、この場合において、遺言者は、その目録の毎葉に署名し、印を押さなければならないものとされている。財産目録を含む各葉に遺言者が署名・押印しなければならないこととされているため、第三者による財産目録等の偽造を防止することができる。

　なお、遺言書の訂正については、財産目録の部分であっても、遺言者の自書による訂正と押印が必要となる点は留意が必要である。

　この法改正は、他の条項に先立ち、2019（平成31）年1月13日に施行される。

自筆証書遺言等の例

```
                    遺言書


  一　長女花子に，別紙一の不動産及び別紙二の預
      金を相続させる。

  二　長男一郎に，別紙三の不動産を相続させる。

  三　東京和男に，別紙四の(動産)を遺贈する。
                        株式㊞


        平成二十九年十二月十九日

              法　務　五　郎　　㊞


        上記三中，二字削除二字追加
              法　務　五　　郎
```

目　　録

一　所　　在　　東京都千代田区霞が関一丁目
　　地　　番　　〇番〇号
　　地　　目　　宅地
　　地　　積　　〇平方メートル

　　　　　　　　　　　　霞が関㊞

二　所　　在　　東京都千代田区九段南一丁目〇番〇号
　　家屋番号　　〇番〇
　　種　　類　　居宅
　　構　　造　　木造瓦葺2階建て
　　床 面 積　　1階　〇平方メートル
　　　　　　　　2階　〇平方メートル

　　　　　　法　務　五　郎　㊞

　　上記二中，三字削除三字追加
　　　　　　法　務　五　郎

普通預金通帳　　　　　　〇銀行
　　　　　　　　　　　　〇支店
お名前
　法　務　五　郎　様

店番　　　　　　　口座番号
〇〇　　　　　　　〇〇〇

※　通帳のコピー

　　　　法　務　五　郎　㊞

第５章　遺言制度に関する見直し

様式例・1

表　題　部	（土地の表示）		調製	余白		不動産番号	0000000000000
地図番号	余白		筆界特定	余白			
所　在	特別区南都町一丁目				余白		
①　地　番	②地　目	③　地　　積　　㎡			原因及びその日付〔登記の日付〕		
101番	宅地		300：00		不詳 〔平成20年10月14日〕		
所有者	特別区南都町一丁目1番1号　甲野太郎						

権　利　部　（甲区）　　（所　有　権　に　関　す　る　事　項）			
順位番号	登　記　の　目　的	受付年月日・受付番号	権　利　者　そ　の　他　の　事　項
1	所有権保存	平成20年10月15日 第637号	所有者　特別区南都町一丁目1番1号 　　　　甲野太郎
2	所有権移転	平成20年10月27日 第718号	原因　平成20年10月26日売買 所有者　特別区南都町一丁目5番5号 　　　　法務五郎

権　利　部　（乙区）　　（所　有　権　以　外　の　権　利　に　関　す　る　事　項）			
順位番号	登　記　の　目　的	受付年月日・受付番号	権　利　者　そ　の　他　の　事　項
1	抵当権設定	平成20年11月12日 第807号	原因　平成20年11月4日金銭消費貸借同日 　　　設定 債権額　金4,000万円 利息　年2・60％（年365日日割計算） 損害金　年14・5％（年365日日割計算） 債務者　特別区南都町一丁目5番5号 　　　　法務五郎 抵当権者　特別区北都町三丁目3番3号 　　　株式会社南北銀行 　　　（取扱店　南都支店） 共同担保　目録㈲第2340号

共　同　担　保　目　録				
記号及び番号	㈲第2340号		調製	平成20年11月12日
番　号	担保の目的である権利の表示	順位番号	予　　備	
1	特別区南都町一丁目　101番の土地	1	余白	
2	特別区南都町一丁目　101番地　家屋番号1 01番の建物	1	余白	

これは登記記録に記録されている事項の全部を証明した書面である。

平成21年3月27日
関東法務局特別出張所　　　　　　　登記官　　　　法　務　八　郎

＊　下線のあるものは抹消事項であることを示す。　　整理番号　D23992　（1／1）　　1／1

```
                    目      録


   私名義の株式会社法務組の株式　　１２０００株




               法　　務　　五　　郎　　㊞
```

以上、法制審議会民法（相続関係）部会第25回会議参考資料より

第5章 遺言制度に関する見直し

Question 36 改正法の施行日である2019（平成31）年1月13日より前に作成された自筆証書遺言の取扱と注意点はどのようなものか。

Answer

　改正法の施行日である2019（平成31）年1月13日より前に作成された自筆証書遺言については、財産目録部分を含めて自書しなければならないため、注意を要する。

施行前に作成された自筆証書遺言は財産目録部分も自書が必要

　自筆証書遺言において、これに添付される財産目録について自書とすることを要しないとする法改正は、2019（平成31）年1月13日から施行される。

　もっとも、施行日である2019（平成31）年1月13日より前に作成された自筆証書遺言については、なお従前の例によるとされている。このため、目録部分も含めて自書しなければならないことに留意が必要である。

　自筆証書遺言に基づき相続人から預貯金債権の払戻を要請された場合、金融機関としては、当該自筆証書遺言の原本の確認をした上で払戻に応じることになると考えられるが、その場合、当該改正法の施行日である2019（平成31）年1月13日より前に作成された自筆証書遺言については、財産目録部分を含めて自筆でなければ自筆証書遺言として有効とはならず（民法等改正法附則6条）、それに基づく預貯金債権の払戻をすることができないため、注意を要する。

129

Question 37 金融機関として遺言書の確認をしておくべきポイントはどのようなものか。

Answer

　今回の相続法改正により、自筆証書遺言であっても、自筆で記載しなくてよい部分ができた。もっとも、自筆で記載しなくても良い部分は財産目録部分に限られること、自筆ではなくともその部分には遺言者の署名及び押印が必要であること、また、自筆で記載しなくてもよいのは改正法の施行日である2019（平成31）年1月13日以降に作成された自筆証書遺言に限られることに注意が必要である。

改正法の施行日に注意した確認が必要

　金融機関実務との関係では、金融機関において自筆証書を確認する際に、全文が自書されていない場合であっても、自筆証書遺言として有効になる場合があることを認識する必要がある。ただし、自書されていない部分が財産目録であること、当該財産目録の毎葉に遺言者の署名及び押印がされていることは、併せて確認する必要があると考えられる。

　また、そのような自筆証書遺言が有効となるのは、改正法の施行日である2019（平成31）年1月13日以降に作成されたものに限られるため、当該自筆証書遺言が改正法の施行日である2019（平成31）年1月13日以降に作成されたものであることを確認する必要がある。

　なお、遺言書の訂正については、財産目録の部分であっても、遺言者の自書による訂正と押印が必要となる点は留意が必要である。

第5章 遺言制度に関する見直し

Question 38 自筆証書遺言の保管制度とは何か。

Answer

　自筆証書遺言は他の方式の遺言よりも手軽であるが、保管方法が法定されていないため、紛失・隠匿・変造のリスクが高く、遺言書作成の真正等を巡って深刻な紛争が生じやすい。そこで、これらの問題点を解決するために公的機関で遺言書を保管する制度が設けられることとされた。具体的には、法務局における遺言書の保管等に関する法律が定められた。これにより、（ア）全国一律のサービスが提供できること、（イ）プライバシーを確保することができること、（ウ）相続登記の促進につなげることができること、が期待されている。

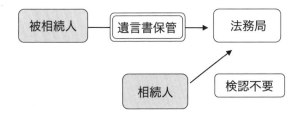

自筆証書遺言をめぐるトラブル

　民法において、自筆証書遺言の保管方法は特に定められていない。多くの場合は、自宅の仏壇や金庫等で保管されているものと思われる。
　このため、遺言書原本が公証役場で厳重に保管されている公正証書遺言と異なり、トラブルが生じることが多い（逆にいえば、トラブル回避のためには公正証書遺言を利用することがのぞましいともいえる）。
　具体的には、

・作成後に遺言書が紛失し（被相続人が整理整頓を行っておかないと紛失するケースもまま見受けられる）、

・又は配偶者や子供といった相続人によって隠匿（相続人としては自分に不利な遺言は隠す誘惑に駆られる）

・若しくは変造（相続人としては自分に不利な遺言は勝手に作成し直したい誘惑に駆られる）されるおそれがある

　金融機関の立場から見ると、「そんなことがありうるか」と思われるかもしれないが、書類の偽造・変造は金融機関においてもまま起きうる事態であり、一般人である相続人においてもその誘惑に駆られる可能性は否定できない。

　　＊自筆証書遺言の注意点

　　　　遺言書の紛失
　　　　遺言書の隠匿
　　　　遺言書の変造

　また、これにより遺言書の作成の真正等を巡って深刻な紛争（そもそも自筆証書遺言は被相続人によって作成されるので、相続人がその存在を知らず、遺言発覚時に「そんな遺言を被相続人に作成するはずがない」とか「その遺言作成時に被相続人に遺言作成に必要な意思能力がなかった（例えば「認知症にかかっていた」等）」等の主張はよくなされるものである）が生じる場合がある。

法務局による遺言書の保管制度

　そこでこれらの問題点を解決するために公的機関で遺言書を保管する

132

制度が設けられることとされた。具体的には、法務局における遺言書の保管等に関する法律（以下「保管法」という）が定められた。これにより、①全国一律のサービスが提供できること、②プライバシーを確保することができること、③相続登記の促進につなげることができること、が期待されている。

なお、当該改正は、公布の日から2年以内に施行される見込みである。具体的には、

ア．遺言者は、法務局に、自筆証書遺言書（無封のものに限る）の保管を申請することができるものとされる（保管法4条1項、2項）。

イ．遺言者は、自筆証書遺言書を保管している法務局に対し、遺言書の返還又は閲覧を請求することができるものとされる（保管法6条2項、8条1項）。

ウ．これらの申請又は請求は、遺言者が自ら法務局に出頭して行わなければならないものとされる（保管法4条6項、6条4項、8条3項）。

エ．相続人等の関係者は、自筆証書遺言書を保管する担当官（以下「遺言書保管官」という）に対し、その遺言者が死亡している場合に限り、遺言書保管所に保管されている遺言書について、遺言書保管ファイルに記録されている事項を証明した書面（遺言書情報証明書）の交付を請求することができる（保管法9条1項）。これは、遺言書を現に保管する遺言書保管所以外の遺言書保管所でも請求することができる（保管法9条2項）。遺言書保管官は、関係相続人等に対して遺言書情報証明書の交付又は第三者請求により関係遺言書の閲覧をさせた場合には、相続人、受遺者、遺言執行者等に対して遺言書を保管していることを通知しなければならない（保管法9条5項）。

オ．何人も、遺言書保管官に対し、遺言書保管所における遺言書の保管の有無並びに遺言書が保管されている場合には遺言書保管ファイ

ルに記録されている遺言書に記載されている作成の年月日及び遺言書が保管されている遺言書保管所の名称及び保管番号を証明した書面（遺言書保管事実証明書）の交付を請求することができる（保管法10条）。
カ．遺言書保管所に保管されている自筆証書遺言書については、遺言の検認（現行民法1004条1項）は不要とされる（保管法11条）。

Question 39 銀行窓口での自筆証書遺言の法務局保管の場合とそれ以外の場合の確認方法はどうなるのか。

Answer

　被相続人の自筆証書遺言が法務局に保管されている場合は、相続人に対し、遺言書情報証明書の提出を求めることが考えられる。他方で、被相続人の自筆証書遺言が法務局に保管されていない場合は、相続人に対し、遺言書原本の他家庭裁判所で検認を受けた旨が記載された遺言検認調書又は検認済証明書の提出を求めることとなる。

有効性確認のための徴求書類

　金融機関実務との関係では、自筆証書遺言の有効性の確認方法に変更が生じることが考えられる。
　具体的には、被相続人の自筆証書遺言が法務局に保管されている場合は、相続人に対し、遺言書情報証明書の提出を求めることが考えられる。
　公正証書遺言以外の遺言の保管者又はこれを発見した相続人は、遺言者の死亡を知った後、遅滞なく遺言書を家庭裁判所に提出して、その検認を請求しなければならないものとされている（民法1004条）。検認と

第5章　遺言制度に関する見直し

は、相続人に対し遺言の存在及びその内容を知らせるとともに、遺言書の形状、加除訂正の状態、日付、署名など検認の日現在における遺言書の内容を明確にして遺言書の偽造・変造を防止するための手続である。なお、検認は遺言書の有効・無効を判断する手続ではない。

　もっとも、被相続人の自筆証書遺言が法務局に保管されている場合は、遺言の検認は不要とされる（保管法11条）。このため、法務局に保管されていない自筆証書遺言の場合と異なり、遺言検認調書又は検認済証明書の提出を求める必要はない。

　また、自筆証書遺言が法務局に保管されていないことを確認するため、遺言書保管事実証明書を取得し、又は相続人に提出を求めることも考えられる。

Question 40 検認済証明書、遺言書情報証明書、遺言書保管事実証明書はどのように取得するのか。

Answer

　自筆証書遺言は、遺言者の死亡後遅滞なく家庭裁判所の検認を受けなければならないものとされているが、検認がなされたときは、遺言書の検認済証明書の申請をすれば、家庭裁判所から検認済証明書の交付を受けることができる。

　自筆証書遺言が法務局で保管されていた場合は、遺言書の検認は不要とされ、遺言者が死亡しているときは、関係する相続人等は、全国の遺言書保管所において、遺言書情報証明書の交付を受けることができる。

　なお、自筆証書遺言が法務局で保管されていた場合は、何人も、遺言書保管事実証明書の交付を受けることができる。

135

各種証明書の交付方法

　自筆証書遺言の保管者又は自筆証書遺言があることを発見した相続人は、遺言者の死亡を知った後、遅滞なく遺言書を家庭裁判所に提出して、その検認を請求しなければならない（民法1004条）。遺言書の検認の審判の申立は、遺言者の最後の住所地を管轄する家庭裁判所に対して行う。検認の審判の申立後、裁判所から検認期日の通知がある。検認の期日では、申立人及びその他の相続人（なお、申立人以外の相続人が検認期日に出席するかどうかは任意であり、相続人全員が出席しなくとも検認手続は行われる）が出席し、申立人から提出された遺言書について、封筒を開封し、遺言書の検認が行われる。その後、遺言書の検認済証明書の申請をすれば、家庭裁判所から検認済証明書の交付を受けることができる。

　他方で、自筆証書遺言が法務局で保管されていた場合は、遺言書の検認は不要とされる（保管法11条）。

　この場合、相続人等の関係者は、自筆証書遺言書を保管する担当官（遺言書保管官）に対し、その遺言者が死亡している場合に限り、遺言書保管所に保管されている遺言書について、遺言書保管ファイルに記録されている事項を証明した書面（遺言書情報証明書）の交付を請求することができる（保管法9条1項）。これは、遺言書を現に保管する遺言書保管所以外の遺言書保管所でも請求することができる（保管法9条2項）。この場合、遺言書保管官により、関係する相続人等に対し、遺言書を保管していることが通知される。

　なお、何人も、遺言書保管官に対し、遺言書保管所における遺言書の保管の有無並びに遺言書が保管されている場合には遺言書保管ファイルに記録されている遺言書に記載されている作成の年月日及び遺言書が保

第5章　遺言制度に関する見直し

管されている遺言書保管所の名称及び保管番号を証明した書面（遺言書保管事実証明書）の交付を請求することができる（保管法10条）。

Question 41 遺贈の担保責任に関する変更の概要はどのようなものであるか。

Answer

　民法の債権法改正において、無償行為である贈与の担保責任について改正が行われたことと併せて、遺贈の担保責任についても、贈与の担保責任に合わせて改正された。
　この項目の改正は、債権法改正に関するいわゆる「特定物ドグマ」の放棄と関連するので非常に分かりにくい点に注意が必要である。

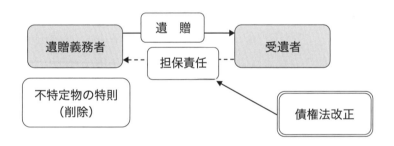

遺贈の担保責任

　民法の債権法改正において、無償行為である贈与の担保責任（贈与の対象物に瑕疵があった場合にはどのような責任を贈与を行った者が負うか）について、
　①従前は、贈与は無償であるので担保責任まで負うことは酷であると

137

考えられており、原則として負わないものとされていたが、

　②債権法改正法の担当者らは契約の履行義務を重視する傾向にあるため、贈与の目的として特定したときの状態で引渡す契約上の義務を負うと推定するものに改正された。

　そこで、③遺贈の担保責任についても、贈与の担保責任に合わせて改正されることとなった。

　具体的には、まずは、遺贈義務者は、遺贈の目的である物又は権利を、相続開始のときの状態で引渡し、又は移転する義務を負うものとされた（債権法改正と平仄をとる結果——改正後民法998条本文）。

　ただし、遺言者がその遺言に別段の意思を表示したときは、その意思に従うものとされた（改正後民法998条但書き）。

　そして、不特定物の遺贈義務者の担保責任を定めている改正前民法998条が削除された。従前は、瑕疵担保責任は特定物に限られて適用されるという、いわゆる「特定物ドグマ」を前提として、その例外として不特定物に関する改正前民法998条が存在していた。もっとも、債権法改正における瑕疵担保責任は特定物・不特定物の区別を排斥したので、改正前民法998条は改正されることとなった。

　また、改正前民法1000条は、特定遺贈の目的である物又は権利が、遺言者の死亡時に第三者の権利の目的となっていたとしても、当該第三者の権利の消滅を遺贈義務者に請求することができない旨を定めていた。

　しかし、改正後民法998条によれば、特定遺贈の目的である物又は権利について、遺贈義務者はそのままの状態で引渡又は権利の移転をすれば足りるので、改正前民法1000条と内容が重複する。このため、改正前民法1000条は削除されることとなった。

第5章 遺言制度に関する見直し

金融機関実務との関係

　金融機関実務との関係では、当該改正により、遺贈の担保責任についても、債権法改正による贈与の担保責任の規律に合わせて規定されることとなり、遺贈された物が不特定物であったとしても、原則として相続開始のときの状態で引渡がされることを前提として与信をするべきである。

遺言の撤回が撤回、取消又は効力が生じなくなった場合に、元の遺言は回復するのか。

Answer

　遺言者は、いつでも、遺言の方式に従って、その遺言の全部又は一部を撤回することができるとされるが、その撤回行為が撤回され、取り消され、又は効力を生じなくなるに至ったときは、元の遺言は回復しないのが原則とされている。もっとも、改正後民法1025条但書においては、遺言の撤回についての、撤回・取消・効力を生じなくなったときにおいて、その行為が詐欺又は強迫による場合だけでなく、錯誤による場合であるときも、撤回される前の当初の遺言の効力は回復するものとされた。

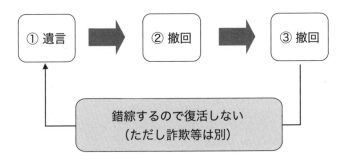

遺言の撤回

　遺言者は、いつでも、遺言の方式に従って、その遺言の全部又は一部を撤回することができる（民法1022条）。

　そして、前の遺言が後の遺言と抵触するときは、その抵触する部分については、後の遺言で前の遺言を撤回したものとみなされる（民法1023条1項）。なお、遺言が遺言後生前処分その他の法律行為と抵触する場合も同様である（民法1023条2項）。

　また、遺言者が故意に遺言書を破棄したときは、その破棄した部分については、遺言を撤回したものとみなされる。遺言者が故意に遺贈の目的物を破棄したときも同様である（民法1024条）。

　このように、相続法は、「被相続人の意思を尊重」するため、被相続人がいつでも遺言の撤回・作成し直すことを許容している。

　これらの規定に基づいて遺言が撤回されたときは、その撤回の行為が、撤回され、取り消され、又は効力を生じなくなるに至ったときで「遺言の撤回」が撤回された場合に、当初の遺言が復活するかどうかは政策判断（決めの問題）であるが、権利関係の錯綜を回避するために相続法はこれを否定している（そのため民法1025条[47]本文は「効力を回復しない」と規定している）。

　もっとも、撤回行為が詐欺又は強迫を理由として取り消された場合には、撤回の行為が遺言者の真意に出たものではないことが明らかであることから、民法1025条但書は「この限りでない」（つまり当初の遺言が復活する）と定めている。

47　前三条の規定により撤回された遺言は、その撤回の行為が撤回され、取り消され、又は効力を生じなくなるに至ったときであっても、その効力を回復しない。ただし、その行為が錯誤、詐欺又は強迫による場合は、この限りでない。

第5章　遺言制度に関する見直し

改正相続法による規定

　他方で、遺言の撤回行為が錯誤に基づく場合については、債権法改正前の民法においては、錯誤に基づく意思表示は文言上無効とされていたが、民法1025条但書の解釈において、一般に撤回行為が当初から効力を有しない場合（例えば、撤回行為が意思無能力を理由として当初より無効である場合など（大阪高判平成2年2月28日））には、本条の適用はないと解することもできる。本条をこのように解すると、債権法改正前の民法においても、遺言の撤回行為が錯誤に基づくため無効となる場合においても、撤回前の当初の遺言の効力が復活すると解される。

　ところで、債権法改正後の現行民法においては、錯誤に基づく意思表示は、（無効ではなく）詐欺、強迫とともに取消の対象となることが決まった。しかしながら、かかる債権法の改正を受けても、上記の民法1025条の解釈を実質的に改める必要性は特に見当たらないことから、民法1025条但書きに、撤回行為が詐欺又は強迫により取り消された場合だけでなく、錯誤によって取り消された場合を含めて明記しておくのが適切である。

　そこで改正後民法1025条但書においては、遺言の撤回についての、撤回・取消・効力を生じなくなったときにおいて、その行為が詐欺又は強迫による場合だけでなく、錯誤による場合であるときも、撤回される前の当初の遺言の効力は回復するものとされた[48]。

　これらの改正は、民法の債権法の施行日と併せて施行される見込みである。

48　民法（相続関係）部会24回補足説明（要綱案のたたき台（3））26頁

Question 43 遺言執行者とはどのような立場の者か。

Answer

遺言執行者とは、遺言を適正かつ迅速に執行するため、相続財産の管理その他遺言の執行に必要な一切の行為をする権利義務を有する者である。

遺言執行者は、遺言者により遺言で指定され、又は遺言によって指定を委託された第三者によって指定される。

遺言執行者の制度

被相続人が死亡し、相続が開始すると、被相続人に属していた権利義務は相続人が承継する。このため、被相続人が死亡したときに、遺言を遺していた場合は、その遺言の内容の実現は、本来は、遺言者である被相続人の権利義務の承継人である相続人が行うべきである。

しかし、遺言の内容によっては、相続人との利害対立、相続人間の意見の不一致、一部の相続人の非協力などによって、公正な執行が期待できない場合がある。

このような場合に、遺言の執行を遺言執行者に委ねることにより、遺言の適正かつ迅速な執行の実現を可能とするため、遺言執行者の制度が設けられている。

第5章　遺言制度に関する見直し

遺言執行者とその職務

　遺言執行者とは、相続財産の管理その他遺言の執行に必要な一切の行為をする権利義務を有する者である（民法1012条1項）。なお、未成年者及び破産者は、遺言執行者になることができないとされる（民法1009条）。

　遺言執行者は、遺言者により遺言で指定され、または遺言によって指定を委託された第三者によって指定される（民法1006条1項）。また、遺言執行者がいないとき又はいなくなったときは、利害関係人の請求により、家庭裁判所が遺言執行者を選任することができる（民法1010条）。

　遺言執行者は、その就職を承諾したときは、直ちにその任務を行わなければならないものとされる（民法1007条）。

　遺言執行者は、遅滞なく、相続財産の目録を作成して、相続人に交付しなければならない（なお、相続人の請求があるときは、相続財産の目録の作成の際に相続人を立ち会わせるか、公証人に作成させなければならない）（民法1011条）。

　また、遺言執行者は相続財産の管理その他遺言の執行に必要な一切の行為をする権利義務を有する一方で（民法1012条）、相続人は遺言執行者がある場合には相続財産の処分その他遺言の執行を妨げるべき行為をすることができないとされることから（民法1013条1項）、相続財産の管理処分権が遺言執行者に専属することとなる。

143

Question 44 今回の相続法改正では、遺言執行者の一般的な権限についてどのような改正がされたのか。

Answer

　従前は、遺言執行者の法的地位については、「相続人の代理人とみなす」とする規定（改正前民法1015条）があるのみであり、遺言執行者の法的地位やその権限の内容が規定上明確になっていなかった。このため、今回の相続法改正において、遺言執行者の法的地位やその権限の内容が明確にされることとなった。

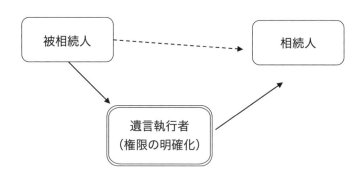

遺言執行者に関する改正

　従前は、遺言執行者の法的地位については、「相続人の代理人とみなす」とする規定（改正前民法1015条）があるのみであり、遺言執行者の法的地位やその権限の内容が規定上明確になっていなかった。

　このため、今回の相続法改正において、遺言執行者の法的地位やその権限の内容が明確にされることとなった。

（1）遺言執行者の権利義務の内容の明確化

　従前は、民法1012条1項において、遺言執行者の権利義務について、「遺言執行者は、相続財産の管理その他遺言の執行に必要な一切の権利義務を有する」と規定されていたが、今回の相続法改正によって、「遺言執行者は『、遺言の内容を実現するため』、相続財産の管理その他遺言の執行に必要な一切の権利義務を有する」とされ、『遺言の内容を実現するため』という文言が追加された。

　これにより、

・遺言執行者は、必ずしも相続人の利益のために職務を行うものではないことが明らかとなり（遺言の内容は特定の相続人の不利益にも働きうるからである）、

・例えば遺留分侵害額請求権が行使された場合など、遺言者の意思と相続人の利益とが対立する場面においても（遺言執行者が単なる「相続人の代理人」であれば、相続人の利益に反することは理論上認められないはずである）、

・遺言執行者はあくまでも遺言者の意思に従って職務を行えばよいこと（このような場合には相続人の利益を慮る必要がない）

が明確となったと考えられる[49]。実際に今までは、遺言執行者が遺言と相続人の板挟みにあい、相続事件の解決が遅延することも、ままみられたものである。

　なお、遺言において特定の財産を指定した遺贈（特定遺贈）がされた場合は、第一義的には相続人が遺贈をする義務を負うことになるものの、遺言執行者がいる場合には、被告適格を有する者は遺言執行者に限られ

49　民法（相続関係）等の改正に関する中間試案の補足説明47頁

ると判示した判例（最判昭和43年5月31日）を受け、改正後民法1012
条2項として、「遺言執行者がある場合には、遺贈の履行は、遺言執行者
『のみ』が行うことができる」とする規定が追加された。

(2) 遺言執行者の行為の効果の明確化

従前は、民法1015条において、遺言執行者の地位に関し、「遺言執行
者は、相続人の代理人とみなす」と規定されていたが、今回の相続法制
の改正によって「遺言執行者がその権限内において遺言執行者であるこ
とを示してした行為は、相続人に対して直接にその効力を生ずる」と改
められた（改正後民法1015条）。

遺言執行者の職務の目的が『遺言の内容を実現する』（改正後民法1012
条1項）ことと明らかにされたことを受け、遺言執行者の行為の効果を
実質的に明らかにしたものである。これにより、遺言執行者は、遺言者
の意思と相続人の利益とが対立する場面においても、（相続人の代理人と
して）相続人の利益のために行動するのではなく、遺言者の意思を実現
するために職務を遂行すれば足りることが明らかとなった。

(3) 遺言執行者による遺言の内容の通知義務

被相続人が遺言を残した場合において、遺言執行者がいない場合は、
相続人が遺贈等の遺言の内容を履行する義務を負うこととなる。一方で、
遺言執行者がいる場合は、相続財産の管理処分権が遺言執行者に専属す
ることとなる。この場合、相続人は遺贈等の遺言の内容を履行する義務
を負わないこととなる。このため、相続人は、遺言の内容及び遺言執行
者の有無について、重大な利害関係を有している。

しかしながら、従前は、遺言執行者がいる場合であっても、相続人が
遺言の内容を知る手段が確保されていなかった。

そこで、今回の相続法改正において、遺言執行者は、その任務を開始したときは、遅滞なく、遺言の内容を相続人に通知しなければならないとされた（改正後民法1007条2項）。

なお、従前から規定されている民法1007条1項は、「遺言執行者が就職を承諾したときは、直ちにその任務を行わなければならない」とされており、従前においても、遺言執行者は、その任務の執行の一環として、遺贈等の遺言の内容を履行する義務を負う可能性がある相続人に対して、自己が遺言執行者に就任したことを通知する義務があると解される。

そこで、今回の相続法改正において追加された改正後民法1007条2項は、民法1007条1項に基づき遺言執行者が就任を承諾したときはその旨を相続人に通知することを前提として、併せて、遺言執行者の任務を開始したことを条件として、遺言の内容を相続人に通知させることとしたものである[50]。

これにより、遺言執行者は、その就職を承諾し、任務を開始したときは、相続人に対し、

・遺言執行者に就任したこと

・遺言の内容

をそれぞれ通知すべきこととなった。

(4) 遺言執行者の復任権

従前は、民法1016条1項において、「遺言執行者は、やむを得ない事由がなければ、第三者にその任務を行わせることができない」と規定されていた。しかしながら、遺言執行者として相続人の一部（一人のこともあれば、そうでない場合もある）が指定される場合もしばしばあり、

50　民法（相続関係）部会第24回補足説明（要綱案のたたき台（3））27頁

そのような一般人たる相続人は必ずしも十分な法律知識を備えているとは限らない。このため、遺言執行者の職務が広範な場合や難しい法律問題を含む場合等においては、遺言執行者たる相続人では、適切な遺言の執行が期待できないこととなる。

このため、今回の相続法改正において、遺言執行者の復任権を緩和する（つまり専門家の活用が容易になる）こととし、民法105条において規定されている法定代理人の復任権と同様に、「遺言執行者は、『自己の責任で』第三者にその任務を行わせることが『できる』。」と規定された。

また、民法105条において規定されている法定代理人の復任権と同様に、やむを得ない事由があるときは、遺言執行者は、相続人に対してその選任及び監督についての責任のみを負うものとされた（改正後民法1016条2項）。

 今回の相続法改正では、特定遺贈がされた場合の遺言執行者の権限はどのように改正されたのか。

Answer

特定遺贈がされた場合、受遺者は、遺贈の履行請求を、遺言執行者があるときは遺言執行者に対して、遺言執行者がないときは相続人に対して行えばよいことが、条文上明らかとなった。

特定遺贈がされた遺言執行者の権限の明確化

遺言執行者は、遺言の執行のために必要な一切の行為をする権利義務を有するものとされている（民法1012条）。このため、遺言執行者の権限の内容は遺言の内容によることになる。もっとも、遺言の記載内容から

だけでは、遺言者が遺言執行者にどこまでの権限を付与する趣旨であったのか、その意思が明確でない場合が多く、これまで遺言執行者の権限の内容を巡って争いになる場合が多かった。このため、今回の相続法改正において、これまでの判例法理を明文化することとされた[51]。

特定遺贈がされた場合、相続開始によって被相続人の一切の権利義務を承継した相続人は、特定遺贈の目的物の管理を行い、受遺者に対して対抗要件を具備させ、目的物の引渡等をすることとなる。もっとも、遺言執行者がいるときは、遺言の執行に必要な権利義務は遺言執行者に専属することとなるから、特定遺贈の目的物の管理、対抗要件の具備、引渡し等は遺言執行者が行うこととなる。

この点、特定不動産の遺贈の執行として所有移転登記手続を受遺者が求める場合、被告適格を有する者は遺言執行者に限られると判示した判例がある（最判昭和43年5月31日）。これを受けて、今回の相続法改正では、1012条2項として、「遺言執行者がある場合には、遺贈の履行は、遺言執行者『のみ』が行うことができる」とする規定が追加された[52]。

これにより、特定遺贈がされた場合、受遺者は、遺贈の履行請求を、遺言執行者があるときは遺言執行者に対して、遺言執行者がないときは相続人に対して行えばよいことが、条文上明らかとなった。

51　民法（相続関係）等の改正に関する中間試案の補足説明49頁
52　民法（相続関係）部会第25回補足説明（要綱案のたたき台(4)）15頁

Question 46 今回の相続法改正では、特定財産承継遺言がされた場合の遺言執行者の権限はどのように改正されたのか。

Answer

特定財産承継遺言がされた場合であっても、遺言執行者は、対抗要件具備行為（不動産を含むがこれに限られない）をすることができるとされ、また、預貯金債権については解約及び払戻しをすることができることが明らかとなった。

特定財産承継遺言がされた場合の遺言執行者の権限の明確化

(1)「相続させる旨の遺言」と「特定財産承継遺言」

　実務上、特定の遺産を特定の相続人に相続させる趣旨の、いわゆる「相続させる旨の遺言」がなされることが多い。この点、いわゆる「相続させる旨の遺言」は、遺言書の記載から、その趣旨が遺贈であることが明らかであるか、又は遺贈と解すべき特段の事情がない限り、民法908条にいう遺産分割の方法を定めたものであると解するのが判例（最判平成3年4月19日）の立場である。

　そして、いわゆる「相続させる旨の遺言」を遺産分割の方法の指定と解した場合には、特段の事情がない限り、何らの行為を要せずして、被相続人の死亡時に直ちにその遺産がその相続人に相続により承継されることとなる（遺言書に書かれた分割方法が当然に実現されるためである）。

　今回の相続法改正において、このような「相続させる旨の遺言」を「特

定財産承継遺言」と称することとされた（改正後民法1014条2項）[53]。

(2) 特定財産承継遺言があった場合の遺言執行者の権限

特定財産承継遺言があった場合、その対象となった財産は、何らの行為を要せずして、被相続人の死亡時に直ちにその相続人に承継される。そのため、遺言執行者が存在したとしても、その権限は本来限定されたものと解される。

この点、最判平成7年1月24日は、「相続させる旨の遺言」により不動産を得た者は単独で所有権移転登記手続をすることができるため、それ以上に遺言執行者はその登記手続をする義務を負わないと判示している。また、最判平成10年2月27日は、「相続させる旨の遺言」の対象となる不動産についての賃借人を原告とする賃借権確認請求の被告適格（被告として誰が適当かという判断基準）は、遺言に遺言執行者の職務とする旨の記載があるなど特段の事情がない限り、（遺言執行者が選定されていたとしても）遺言執行者ではなく、遺言によって当該不動産を相続した相続人である旨を判示している。

もっとも、対抗要件の具備行為は、「相続させる旨の遺言」により特定の財産を承継することとなった相続人（受益相続人）に対してその権利を完全に移転させるために必要な行為であることから、最判平成11年12月16日は、「相続させる旨の遺言」に基づく登記がなされる前に、他の相続人が自己名義の登記をした場合は、遺言執行者は遺言を実現するために抹消登記と所有権移転登記を求めることができると判示している。

このような複数の判例（判例が存在するということは現実の紛争が存在するということである）を踏まえて、今回の相続法改正においては、

53　民法（相続関係）部会第24回補足説明（要綱案のたたき台(3)）6頁

特定財産承継遺言があった場合、その目的物が不動産であるか否かを問わず[54]、遺言執行者がある場合には、遺言執行者は対抗要件を備えるために必要な行為をすることができるとされた（改正後民法1014条2項）。

(3) 預貯金債権について特定財産承継遺言があった場合の遺言執行者の権限

　現在の銀行実務においては、遺言執行者が預金の解約及びその払戻を求めてきた場合、これに応じる金融機関が多いと言われている。

　この点、特定財産承継遺言があった場合の遺言執行者の権限として、対抗要件の具備のみを規定した場合、その反対解釈として、（対抗要件の具備以外の行為である解約等は行えないと解釈されると）このような金融機関における実務運用が否定される懸念があった[55]。

　このため、かかる懸念を払拭するため、「前項の財産が預貯金債権である場合には、遺言執行者は、同項に規定する行為のほか、その預金また

54　特定財産承継遺言があった場合、その対象となった財産が、何らの行為を要せずして、被相続人の死亡時に直ちにその相続人に承継されるとしても、対抗要件の具備行為については受益相続人に対してその権利を完全に移転させるために必要な行為であるため遺言執行者の権限の範囲に含まれると解するならば、特定財産承継遺言の対象となる財産が動産や債権のように受益相続人が単独で対抗要件を取得することができないものである場合には、遺言執行者は、当該動産を引渡したり、当該債権について譲渡通知を行うべきこととなる。特定財産承継遺言の対象となる財産が不動産の場合は、不動産登記法63条2項によって受益相続人が単独で登記申請できることとされており、当該不動産が被相続人名義である限りは遺言執行者の職務が顕在化せず、遺言執行者は登記手続をするべき権利も義務も有しないこととなるため、特定財産承継遺言の対象となる財産が不動産である場合には、遺言執行者には対抗要件を具備する権限を付与する必要はないとも考えられるが、近時、相続時に相続財産に属する不動産について登記がされないため、その所有者が不明確になっている不動産が多数存在することが社会問題となっているため、特定財産承継遺言があった場合、その目的物が不動産であるか否かを問わず、遺言執行者は対抗要件を具備するために必要な行為をすることができるものとされた。民法（相続関係）等の改正に関する中間試案の補足説明51頁

55　民法（相続関係）等の改正に関する中間試案の補足説明52頁

第5章　遺言制度に関する見直し

は貯金の払戻の請求及びその預金または貯金に係る契約の解消の申入をすることができる。ただし、解約の申入については、その預貯金債権の全額が特定財産承継遺言の目的である場合に限る」とされた（改正後民法1014条3項）[56]。

　なお、これは、今回の相続法改正における遺言執行者の権限強化の方向性とも整合すると考えられる。

(4) 特定財産承継遺言があった場合において遺言者が別段の意思を表示した場合

　今回の相続法改正において、特定財産承継遺言があった場合、遺言執行者は、対抗要件を具備するために必要な行為をすることができ、その目的物となる財産が預貯金債権である場合は、払戻の請求及び解約の申入をすることができることが明確となった。

　もっとも、被相続人が遺言で別段の意思を表示したときは、その意思に従うものとされている（改正後民法1014条4項）。

56　これにより、例えば、1,000万円の預金について、「その全部を甲に相続させる」旨の遺言があった場合は、遺言執行者は、当該預金について払戻の請求をするだけでなく、預金自体の解約の請求もすることができる。これに対し、「そのうち800万円を甲に相続させる」旨の遺言があった場合には、遺言執行者は、当該預金のうち800万円の払戻を請求することはできるが、預金自体を解約することはできないこととなる。民法（相続関係）部会第22回議事録38頁堂薗幹事発言。

153

Question 47

金融機関は、遺言執行者による相続預貯金の払戻請求に対してどのように対応したらよいのか。

Answer

金融機関としては、相続預貯金を払い戻すにあたり、
① 遺言書がある場合は、遺言執行者が選任されているかどうか、
② 預貯金債権が特定遺贈又は特定財産承継遺言の対象となっているかどうか
を確認し、払戻をするべき正しい相手を慎重に確認する必要がある。

遺言執行者が選任されている場合の一般論

　遺言執行者は相続財産の管理その他遺言の執行に必要な一切の行為をする権利義務を有する一方で（民法1012条）、相続人は遺言執行者がある場合には相続財産の処分その他遺言の執行を妨げるべき行為をすることができないとされるから（民法1013条1項）、相続財産の管理処分権が遺言執行者に専属することとなる。

　このため、金融機関としては、相続預貯金が遺言執行の目的財産ではない場合を除き（民法1014条1項）、遺言執行者に対して相続預貯金の払戻しをしなければならない。

　この場合、金融機関は、当該相続預貯金を相続人に払い戻すことはできないことになる。もっとも、金融機関が相続預貯金について遺言があることを知らなかった、又は、遺言執行者から何らの通知も受けておらず遺言執行者の存在に気が付かなかった等の事情で、遺言執行者が選任されているにもかかわらず、金融機関が相続人に対して相続預貯金を払い戻してしまう場合が考えられるが、この問題は民法478条によって解

決されると考えられる[57]。

相続預貯金が特定遺贈され又は特定財産承継遺言の対象とされている場合

(1) 従来の見解

これに対し、相続預貯金が特定遺贈された場合、「遺言者の死亡により特定遺贈の目的たる財産は受遺者に移転する」とするのが判例（大判大正5年11月8日）である。また、相続預貯金が特定財産承継遺言の対象とされた場合、「それがなされると、特段の事情がない限り、何らの行為を要せずして、被相続人の死亡時に直ちにその遺産がその相続人に相続により承継されることとなる」とするのが判例（最判平成3年4月19日）である。このように、相続預貯金が特定遺贈されている場合も、特定財産承継遺言の対象とされている場合も、いずれも判例上物権的効力が生じるとされているが、相続預金が特定財産承継遺言の対象となった場合の遺言執行者の払戻権限の有無については、下級審の判断が分かれていた[58]。

(2) 相続預貯金が特定財産承継遺言の対象の場合

もっとも、今回の法改正において、相続預貯金が特定財産承継遺言の対象となった場合には、遺言執行者に払戻請求権があることが明らかとされたため（改正後民法1014条3項）、金融機関としては、遺言執行者

57　遠藤俊英他編「金融機関の法務対策5000講I巻」1504頁（金融財政事情研究会、2018年）
58　山川一陽他編「相続法改正のポイントと実務への影響」321頁（日本加除出版、2018年）、NPO法人遺言・相続リーガルネットワーク編著「改訂実務解説遺言執行」149頁（日本加除出版、2012年）

からの払戻請求に応じて、当該相続預貯金を払い戻すことができることとなった。

この点、金融機関においては、従来は、特定財産承継遺言がある場合には、金融機関ごとの様々な対応がなされていたとのことであるが、今回の相続法改正により、遺言執行者の属性に関わらず、遺言執行者からの払戻請求に応じることになるものと思われる[59]。

(3) 相続預貯金が特定遺贈の対象となった場合

これに対し、相続預貯金が特定遺贈の対象となった場合には、上記のような規定は設けられていない。もっとも、特定財産承継遺言の払戻権限の類推適用が認められる場合もありうる、との指摘がなされている[60]。このため、今後の実務の動向に注意が必要である。

59　山川一陽他編「相続法改正のポイントと実務への影響」321頁（日本加除出版、2018年）、潮見佳男ほか「改正相続法の金融実務への影響」金融法務事情2100号23頁

60　潮見佳男ほか「改正相続法の金融実務への影響」金融法務事情2100号23頁、民法（相続関係）部会第26回議事録7頁堂薗幹事発言。

第6章　遺留分制度に関する見直し
（事業承継の円滑化）

Question 48 「遺留分侵害額請求権」とは何か。

Answer

遺留分権利者が自己の遺留分を侵害されているときに、遺留分を侵害している受遺者又は受贈者に対して有することとなる、遺留分相当額に相当する金銭を支払うよう求めることのできる金銭債権である。

遺留分減殺請求権から遺留分侵害額請求権へ

(1) 遺留分減殺請求権と遺留分侵害額請求権の法的性質

　わが国の相続法制においては、相続が開始すると、被相続人が保有していた資産は、法定相続分の割合で相続人に承継されるものとされている。

　もっとも、被相続人は、遺言により、生前に、自己の財産について法定相続分に関わらずに自由に処分することができるものとされている（民法902条、908条、964条）。また、被相続人が生前に自己の財産を贈与することについて、特段の制約は設けられていない。

　しかしながら、遺言による財産の処分や生前に行われた贈与（生前贈与だけでなく、死因贈与も含む）によって完全に自由な資産の処分が可能となった場合には、被相続人と生前に生計を一にしていた配偶者や子

第6章　遺留分制度に関する見直し（事業承継の円滑化）

らの生活が、被相続人の死亡によって脅かされるおそれが生じてしまう。また、被相続人の財産は被相続人と一定の密な関係にある親族の寄与によって形成されているのであり、これらの親族には被相続人の財産について潜在的な持分があるといえるため、被相続人の財産であるからといって、被相続人に完全に自由な処分権を与えてよいものではない。このため、民法上、被相続人と一定の密な関係にある相続人には、遺留分（民法1028条）が認められている。

　今回の相続法改正がされるまでは、被相続人の遺言において遺贈や相続分の指定等がなされ、また、被相続人が生前に行った贈与（生前贈与だけでなく、死因贈与も含む）によって、相続人の遺留分が侵害されているときは、当該遺留分を侵害された相続人は、遺留分を侵害する遺贈を受けた受遺者や遺留分を侵害する相続分の指定を受けた相続人、被相続人から贈与を受けた者に対して、遺留分減殺請求をするものとされていた。

　相続人が遺留分減殺請求を行使したときは、当該相続人に認められる遺留分割合に応じて、対象資産の所有権の一部が行使者の元に帰属するという、物権的効果が当然に生ずるものとされていた。このように、遺留分減殺請求権は形成権であり、この行使の結果、遺贈又は贈与の目的財産は受遺者又は受贈者と遺留分権利者との共有になる場合が多かった。

　しかしながら、このような結論は、対象資産にかかる権利関係をいたずらに複雑化させるものであり、ひいては円滑な事業承継を困難にするものであった。

　例えば、

　ア．被相続人が特定の相続人に家業を継がせるため、株式や店舗等の事業用財産を遺贈等しても、

　イ．遺留分減殺請求権が行使されることにより、事業用財産等が他の

159

相続人との共有となってしまい、

ウ．これらの財産の処分が困難になる等、事業承継後の経営に支障が生じるおそれがある。

実際に今までの相続を巡る事件においても、まず遺留分減殺請求権が行使され、共有状態になった状況で、いかにしてこの共有状態を解消するかについて、無用な時間が費やされることになった。

このような不毛な結果を改善するには、遺留分という概念自体を排斥することも考えられるが、今般の相続法改正では、①遺留分及びそれを侵害されたときに取り戻すという制度自体は残しつつ、②その効力を変更するという制度が採用された。

すなわち、

ア．遺留分制度は、遺留分権利者の生活保障や遺産の形成に貢献した遺留分権利者の潜在的持分の精算等を目的とする制度であるところ、

イ．その目的を達成するためには、必ずしも物権的効果まで認める必要はなく、

ウ．遺留分権利者に遺留分侵害額に相当する価値を返還させる（具体的には金銭の支払を要求する）ことで十分であると考えられる。

そこで、今回の相続法改正において、遺留分減殺請求権の効力及び法的性質が見直されることとなった。

具体的には、物権的効果を有する「遺留分減殺請求権」が、債権としての「遺留分侵害額請求権」に改められることとなった。遺留分侵害額請求権は、遺留分減殺請求権と同様に形成権であるが、その効果として遺留分を侵害している受遺者又は受贈者に対して遺留分相当額に相当する金銭債権が発生するものとされた。

このため、遺留分を侵害された遺留分権利者及びその承継人は、受遺者又は受贈者に対し、遺留分侵害額請求をすることにより、遺留分侵害

160

第6章　遺留分制度に関する見直し（事業承継の円滑化）

額に相当する金銭の支払を求めることができるものとされた（改正後民法1046条1項）。

(2) 受遺者及び受贈者が複数いる場合

遺留分権利者の遺留分を侵害する受遺者及び受贈者が複数いる場合について、従前は、民法1033条から1035条が規定していた。

具体的には

ア．受遺者と受贈者があるときは、受遺者が先に負担する（改正前民法1033条）

イ．受遺者が複数あるとき、又は、受贈者が複数ある場合であって同時に贈与されたときは、受遺者又は受贈者がその目的の価額の割合に応じて負担する。ただし、遺言者がその遺言に別段の意思を表示したときは、その意思に従う（改正前民法1034条）

ウ．受贈者が複数ある場合であって、贈与に時間的な前後がある場合は、新しい贈与から順次古い贈与にさかのぼって負担する（改正前民法1035条）

とされていた。

今回の法改正において、民法1033条から1035条は削除されたが、新たに改正後民法1047条が設けられ、

ア．受遺者と受贈者があるときは、受遺者が先に負担する

イ．受遺者が複数あるとき、又は、受贈者が複数ある場合であって同時に贈与されたときは、受遺者又は受贈者がその目的の価額の割合に応じて負担する。ただし、遺言者がその遺言に別段の意思を表示したときは、その意思に従う

ウ．受贈者が複数あるとき（イ．の場合を除く）は、後の贈与に係る受贈者から順次前の贈与に係る受贈者が負担する

161

として、改正前の民法1033条から1035条までの規定の内容が維持された。

(3) 受遺者又は受贈者の保護

　今回の相続法改正において、遺留分減殺請求権は遺留分侵害額請求権に改められ、遺留分侵害額請求権を行使した遺留分権者は、遺留分を侵害する受遺者又は受贈者に対して、遺留分侵害額に相当する金銭債権を有するものとされた。

　このため、遺留分を侵害する遺贈又は贈与を受けた受遺者又は受贈者は、遺留分権者によって遺留分侵害額請求権が行使されると、当該遺留分権利者に対して遺留分侵害額に相当する金銭を支払わなければならないものとされた。

　もっとも、遺留分侵害額請求権の行使を受けた受遺者又は受贈者が、常に遺留分侵害額に相当する金銭を支払えるだけの手元資金があるとは限らない。

　このため、裁判所は、受遺者又は受贈者の請求により、その金銭債務の全部又は一部の支払について相当の期限を許与することができるものとされた（改正後民法1047条5項）[61]。

　なお、遺留分侵害額請求権は、遺留分権利者が相続の開始及び遺留分を侵害する贈与又は遺贈があったことを知った時から1年間行使しないときは、時効によって消滅するものとされ、相続開始の時から10年を経

61　遺留分侵害額請求を受けた受遺者又は受贈者の利益に配慮する方法として、民法（相続関係）部会では、現物給付の制度が検討されていたが、結論として、現物給付の制度を採用することは困難とされた。そこで当該部会の最終回である第26回部会において、借地借家法13条2項や民法196条2項などの例を参考にして、受遺者又は受贈者の請求による金銭債権の全部又は一部の支払についての相当の期限の許与の制度が設けられることとなった。民法（相続関係）部会第26回補足説明8頁。

第6章 遺留分制度に関する見直し（事業承継の円滑化）

過したときも、時効によって消滅するものとされているのは（改正後民法1048条）、改正前（改正前の民法1042条）と同様である。

 遺留分減殺請求権の見直しによって事業承継にどのような影響が生じるか。

Answer

　今回の相続法改正によって、例えば、被相続人が特定の相続人に家業を継がせるために行った遺贈により他の相続人の遺留分が侵害されていたとしても、当該特定の相続人は他の相続人に対して遺留分侵害額請求権に基づく金銭債務を負うにとどまり、株式や店舗等の事業用財産について他の相続人との共有となる事態が回避されることとなったため、被相続人の家業について、事業承継をより円滑に進めることができるようになるものと考えられる。

事業承継の円滑化への期待

　今回の相続法改正において、遺留分減殺請求権の効力及び法的性質が見直されることとなり、物権的効果を有する「遺留分減殺請求権」が、債権としての「遺留分侵害額請求権」に改められることとなった。そして、遺留分侵害額請求権は、遺留分減殺請求権と同様に形成権であるが、その効果として遺留分を侵害している受遺者又は受贈者に対して遺留分相当額に相当する金銭債権が発生するものとされた。

　このため、遺留分を侵害された遺留分権利者及びその承継人は、受遺者又は受贈者に対し、遺留分侵害額請求をすることにより、遺留分侵害額に相当する金銭の支払を求めることができるものとされた（改正後民

法1046条1項)。

　当該改正によって、例えば、被相続人が特定の相続人に家業を継がせるために行った遺贈により他の相続人の遺留分が侵害されていたとしても、当該特定の相続人は他の相続人に対して遺留分侵害額請求権に基づく金銭債務を負うにとどまり、株式や店舗等の事業用財産について他の相続人との共有となる事態が回避されることとなった。このため、被相続人の家業について、事業承継をより円滑に進めることができるようになるものと考えられる。

相続人に対する生前贈与、負担付贈与、不相当な対価による有償行為がなされた場合の遺留分侵害額の算定方法はどのように見直されたのか。

Answer

　遺留分侵害額を算定するにあたり、従前は、相続人に対する生前贈与、負担付贈与、不相当な対価による有償行為がなされた場合について、明文がなく、解釈に委ねられていたが、今回の相続法改正において明文化されることとなった。

遺留分侵害額算定方法の明文化

　遺留分侵害額を算定するにあたり、従前は、相続人に対する生前贈与、負担付贈与、不相当な対価による有償行為（要するに、相続人等に対するアンフェアとも思われる行為）がなされた場合について、その処理方法については明文が存在せず、解釈に委ねられていた。

　これらの点につき、今回の相続法改正において明文化されることとなった。

（1）相続人に対する生前贈与がなされた場合の算定方法

　今回の相続法改正前は、遺留分侵害額を算定するにあたり、被相続人が贈与をしていたときは、相続開始前の1年間にした贈与に限り、その価額を算入するものとされていた（改正前民法1030条）。この結果は、相続人たる受遺者にとっては相続開始までに1年以上が経過すれば、結果として利得が発生することになり、他の相続人との公平を害するとも解される。

　そこで、当該贈与が相続人に対してなされていたときは、判例（最判平成10年3月24日）は、特段の事情がない限り、民法1030条の定める要件を満たさないものであっても、遺留分減殺の対象となると判示している。

　しかしながら、相続人に対してなされた贈与はその時期に関わらず遺留分算定の基礎となるとすると、何十年も前になされた相続人に対する贈与等も計算に含めなくてはならず、法的安定性を欠くとの指摘がなされていた[62]。

　このため、今回の法改正において、相続人以外に対してなされた贈与は相続開始前の1年間にしたものに限り遺留分算定の基礎となる財産の価額に算入されるが、相続人に対してなされた贈与は、相続開始前の10年[63]になされたものに限り、かつ、婚姻若しくは養子縁組のため又は生計の資本として受けた贈与の価額に限り、遺留分算定の基礎となる財産の価額に算入されることとされた（民法1044条1項、3項）

　なお、当該贈与について、当事者双方が遺留分権利者に損害を加える

62　民法（相続関係）等の改正に関する中間試案の補足説明62頁

63　中間試案においては5年と想定されていたが、その後パブリックコメントを踏まえて10年とされた。

ことを知って贈与をしたときは、それが相続人に対してなされたもので
あっても、相続人以外に対してなされたものであっても、贈与がいつな
されたかに関わらず、遺留分算定の基礎となる財産の価額に算入される
こととなっている（改正前民法1030条後段、改正後民法1044条1項後
段）。

(2) 負担付き贈与がなされた場合の算定方法

今回の相続法改正前は、遺留分侵害額を算定するにあたり、被相続人
が負担付き贈与をしていたときは、「負担付贈与は、その目的の価額か
ら負担の価額を控除したものについて、その減殺を請求することができ
る」とされていた（改正前民法1038条）。

しかしながら、当該規定が、遺留分算定の基礎となる財産の価額にお
いても適用されるかどうか争いがあった。すなわち、遺留分の算定の基
礎となる財産の価額の算定において、目的物から負担分を控除した価額
を算入するのか（一部算入説：被相続人が第三者Ａに対し、8,000万円を
第三者Ｂに対して渡すという条件で死亡の半年前に9,000万円を第三者Ａ
に贈与したという事例において、唯一の相続人が第三者Ａに対して請求
できる遺留分の金額は、(9,000万円 − 8,000万円) × 1／2 = 500万円であ
ると考える見解）、それとも、遺留分の算定の基礎となる財産の価額の算
定においては目的物の全部の価額を算入した上で減殺の対象を目的物か
ら負担分を控除した部分とするのか（全部算入説：前記の事例において
唯一の相続人が第三者Ａに対して請求できる遺留分の金額は、9,000万円
× 1／2 = 4,500万円であるが、減殺の対象は負担控除後の手取額である
9,000万円 − 8,000万円 = 1,000万円であると考える見解）で見解が分かれ

第6章　遺留分制度に関する見直し（事業承継の円滑化）

ていた[64]。

　この点、今回の相続法改正においては、改正後民法1045条1項において「負担付き贈与がされた場合における第1043条第1項に規定する贈与した財産の価額（＝遺留分を算定するための財産の価額）は、その目的の価額から負担の価額を控除した額とする」と規定され、負担付き贈与がなされた場合の遺留分の算定の基礎となる財産の価額の算定において、目的物から負担分を控除した価額を算入する一部算入説が採用されることが明らかとなった[65]。

(3) 不相当な対価による有償行為がなされた場合の算定方法

　今回の相続法改正前は、遺留分侵害額を算定するにあたり、被相続人が不相当な対価による有償行為をしていたときは、「不相当な対価をもってした有償行為は、当事者双方が遺留分権利者に損害を加えることを知ってしたものに限り、これを贈与とみなす。この場合において、遺留分権利者がその減殺を請求するときは、その対価を償還しなければならない。」とされていた（改正前民法1039条）。そして、対価を控除した残額部分が実質的に贈与部分に当たることから、遺留分の算定の基礎となる財産の価額の算定において、目的物から対価を控除した部分を算入するものと解されていた。他方で、減殺の対象となるのは目的物の全額であり、ただし、遺留分を害しない対価の部分を償還しなければならない

64　中川善之助ほか編著「新版注釈民法（28）相続（3）補訂版」458頁（2004年、有斐閣）
65　民法（相続関係）部会第16回「遺留分に関する見直しについて（三読）」15頁、改正前は全部算入説が通説であったが、贈与をもらっている相続人が贈与をもらっていない相続人より最終的な取得額が少ないという逆転現象が生じうるほか、費用の前払とみるか負担付贈与とみるかという微妙なケースにおける事実認定次第で結論が大きく変わるという問題点があったため、一部算入説を採用することを立法で明確にした。

ものと解されていた[66]。

　この点、今回の相続法改正においては、改正後民法1045条2項において「不相当な対価をもってした有償行為は、当事者双方が遺留分権利者に損害を与えることを知ってしたものに限り、当該対価を負担の価額とする負担付贈与とみなす。」と規定され、この場合も負担付贈与と同様に計算するべきことが明らかとなった。

事業承継の円滑化

　これらの法改正により、従前は解釈に委ねられていた、相続人に対する生前贈与、負担付贈与、不相当な対価による有償行為がなされた場合の算定方法が明確化されたため、金融機関実務との関係では、当該改正によって遺留分侵害額請求権の算定方法が明確になったことから、事業の承継を受けた特定の相続人において、他の相続人に対して支払うべき金額を明確に算出できるようになり、事業承継をより円滑に進めることができるようになるものと考えられる。

66　堀総合法律事務所編「最速解説相続法改正と金融実務Q&A」89頁（金融財政事情研究会、2018年）、民法（相続関係）部会第13回「民法（相続関係）等の改正に関する中間試案（案）」24頁

第6章　遺留分制度に関する見直し（事業承継の円滑化）

Question 51　今回の相続法改正により、遺留分侵害額の具体的な算定方法はどうなったか。

Answer

　遺留分侵害額の算定方法について、今回の相続法改正においては、民法1046条2項において、遺留分侵害額の算定方法が明文化されることとなった。

計算方法の明文化

　遺留分侵害額の計算方法について、これまでは明文の規定は存在しなかった。

　しかしながら、実務上は、①遺留分算定の基礎となる財産を確定し、②それに遺留分の割合を乗じ、③遺留分権利者が特別受益を受けているときはその額を控除して遺留分の額を算定し、④その遺留分の額から、遺留分権利者が相続によって得た積極財産がある場合はその額を控除し、⑤その遺留分権利者が負担すべき相続債務がある場合はその額を加算して求めることとされていた[67]。

　この点に関し、平成8年判例（最判平成8年11月26日）も「被相続人が相続開始の時に債務を有していた場合の遺留分の額は、民法1029条、1030条、1044条に従って、被相続人が相続開始の時に有していた財産全体の価額にその贈与した財産の価額を加え、その中から債務の全額を控除して遺留分算定の基礎となる財産額を確定し、それに同法1028条所定の遺留分の割合を乗じ、複数の遺留分権利者がいる場合は更に遺留分

67　埼玉弁護士会編「遺留分の法律と実務［第二次改訂版］」29頁（ぎょうせい、2018年）

権利者がそれぞれの法定相続分の割合を乗じ、遺留分権利者がいわゆる特別受益財産を得ているときはその価額を控除して算定すべきものであり、遺留分の侵害額はこのようにして算定した遺留分の額から、遺留分権利者が相続によって得た財産がある場合はその額を控除し、同人が負担すべき相続債務がある場合はその額を加算して算定するものである。」と判示している。

　今回の相続法改正においては、平成8年判例を踏まえて、改正後民法1046条2項において、遺留分侵害額の算定方法について明文化されることとなった。

　改正後民法1046条2項について計算式の形にすると、以下のとおりとなる。

　①遺留分　＝　（遺留分を算定するための財産の価額）
　　　　　　　　×（民法1028条各号に掲げる遺留分率）
　　　　　　　　×（遺留分権利者の法定相続分）
　　※改正後民法1042条、1043条

　②遺留分侵害額　＝　（①で計算した遺留分）
　　　　　　　　　－（遺留分権利者が受けた特別受益）
　　　　　　　　　－（遺産分割の対象財産がある場合（既に遺産分割が終了している場合も含む）には具体的相続分に応じて取得すべき遺産の価額（ただし、

第6章　遺留分制度に関する見直し（事業承継の円滑化）

寄与分による修正は考慮しない。）)[68, 69]

＋（民法899条の規定により遺留分権利者が承継

する相続債務の額）

※改正後民法1046条2項

遺留分侵害額の算定における債務の取扱いに関する見直し

　従前からの実務においても、今回の相続法改正においても、遺留分侵害額を算定するにあたり、遺留分権利者が負担すべき相続債務があるときは、その額を加算するものとされている。これは、遺留分権利者が相続債務を弁済した結果、遺留分権利者が持ち出し状態に陥るのは酷なので、（相続債務の弁済後にも）遺留分権利者に一定の財産が残るようにする（マイナスの債務分をプラスとして加算する）ためである。

　もっとも、例えば被相続人が個人事業を営んでおり、事業に関連して債務を負担していたときに、受遺者等がその事業を承継した場合等には、受遺者等は自らその相続債務を弁済する必要性がある場合がある。

　このような場合において、受遺者等が相続債務を肩代わりしたときに

68　なお、寄与分は、寄与分権者が遺産に対する自己の実質的な持分を取得したものと評価することが可能であり、被相続人の処分によって生じた特別受益とはその性質が異なること、遺留分侵害額請求権当事者間に争いがあれば、通常の訴訟によって行使される権利であるのに対し、寄与分は家庭裁判所の審判によりはじめてその有無及び額が決定されるものであり、権利の性質及びそれを実現するための手続が異なること等を考慮し、具体的相続分を算定する際に、特別受益による修正は考慮する一方で、寄与分による修正は考慮しないものとされた（民法（相続関係）等の改正に関する中間試案の補足説明72頁）。

69　民法900条から902条まで、903条及び904条の規定により算定した相続分である。具体的には、相続させる遺言による遺贈について持戻の計算をした後の相続分を意味するものとされる。山川一陽ほか「相続法改正のポイントと実務への影響」207頁（2018年、日本加除出版）

171

は、当該受遺者等は本来相続債務を負担すべき遺留分権利者にその負担分の求償をすべきこととなる。もっとも、その場合において遺留分権利者が遺留分侵害額請求権を行使したときは、受遺者又は受贈者が肩代わりした相続債務にかかる遺留分権利者の負担部分が循環する関係となり、迂遠であるとの指摘がなされている[70]。

このため、遺留分権利者の負担する相続債務を受遺者又は受贈者が弁済等により消滅させたときは、受遺者又は受贈者は、遺留分侵害額請求権を行使した遺留分権利者に対し、その債務を消滅させた限度で、遺留分侵害額請求による金銭債務を消滅させることができるものとされた（改正後民法1047条3項）。

Question 52 遺留分侵害額請求権は具体的にどのように計算したらよいか。

Answer

遺留分侵害額請求権の具体的な計算事例は、以下の解説のとおりである。

具体的計算事例

法務省のホームページに掲載されている事例[71]について考える。経営者であった被相続人が、事業を手伝っていた長男に会社の土地建物（評価額1億1,123万円）を、長女に預金1,234万5,678円を相続させる旨の遺言をし、死亡したという事例である（なお、配偶者は既に死亡しており、

70　民法（相続関係）等の改正に関する中間試案の補足説明75頁
71　http://www.moj.go.jp/content/001263488.pdf

第6章　遺留分制度に関する見直し（事業承継の円滑化）

相続人は長男と長女の2名とする）。

　遺言書の内容に不満がある長女は、長男に対し、遺留分減殺請求（遺留分侵害額の請求）を行ったものとする。

　長女の遺留分は、（土地建物1億1,123万円＋預金1,234万5,678円）×法定相続分1/2×遺留分割合1/2＝3,089万3,920円である。長女は、預金1,234万5,678円を相続することになるから、長女の遺留分侵害額は、3,089万3,920円－1,234万5,678円＝1,854万8,242円である。

　この点、従前は、長女が遺留分減殺請求をした場合、会社の土地建物が長男と長女の共有となり、その共有持分割合は、長男が9,268万1,758／1億1,123万であり、長女が1,854万8,242／1億1,123万となることとされていた。

　このように、従前は、長女が遺留分減殺請求をすることによって、会社を運営するために欠くことのできない財産である土地建物が、極めて複雑な共有状態となってしまっていた。そして、これを解消するためには、長男と長女との間で協議をする必要があるが、兄弟間の仲が悪い場合も多く、円滑かつ迅速に権利関係を整理することができない場合が多かった。

　他方で、今回の相続法改正により遺留分減殺請求権が遺留分侵害額請求権に改められた結果、長女が遺留分侵害額請求権を行使した場合、長男が相続した会社の土地建物については物権的効果は生じないから、複雑な権利関係は生じないこととなった。この場合、長女は、長男に対して債権としての遺留分侵害額請求権1,854万8,242円を有することになる。このため、長男に潤沢な資金があれば、会社の権利関係に影響を及ぼすことなく、遺留分の処理をすることができ、迅速かつ円滑な事業承継に資することとなる。

　もっとも、長男に潤沢な資金がない場合は、長男は資金調達に追われ

173

ることとなってしまうおそれがある。

第7章 相続の効力等に関する見直し

Question 53 相続により承継した権利は第三者に対抗することができるか。

Answer

従前は、遺産の承継方法によって第三者への対抗要件の要否がまちまちとなっていたが、今回の相続法改正によって、相続による権利の承継は、遺産の分割によるものかどうかに関わらず、法定相続分を超える部分については、登記、登録その他の対抗要件を備えなければ、債務者その他の第三者に対抗することができないものとされた。

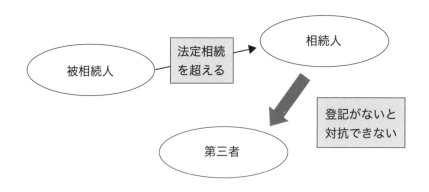

従前の考え方

相続による権利の承継が生じる場合として、相続人による遺産分割がされた場合と遺言により財産処分がされた場合がある。そして、遺言により財産処分がされた場合としては、①遺言において遺贈がされた場合、②遺言において相続分の指定がされた場合、③遺言において遺産分割の方法の指定がされた場合等がある。

176

第7章　相続の効力等に関する見直し

　この点、相続人による遺産分割がされた場合、遺産の分割の効力は、相続開始のときにさかのぼって生じるものとされているが、これによって第三者の権利を害することはできないとされている（民法909条）。他方で、遺産分割後については、判例（最判昭和46年1月26日）は、遺産分割による相続財産中の不動産の得喪・変更には民法177条の適用があり、分割により相続分と異なる権利を取得した相続人は、その旨を登記しなければ、分割後に当該不動産につき権利を取得した第三者に対抗することができないと判示しており、遺産分割後は遺産分割による権利の取得について登記がなければ第三者に対抗することができないとされている。

　これに対し、遺言により財産処分がされた場合は、今回の相続法改正前は、遺言の内容によって結論が異なるものとされていた。

　まず、①遺言において、遺贈がされた場合については、判例（最判昭和39年3月6日）は、遺贈による不動産の権利取得については、登記なくして第三者に対抗できないと判示しており、遺贈がされた場合は遺贈による権利の取得について登記がなければ第三者に対抗することができないものとされている。

　他方で、②遺言において、相続分の指定がされた場合については、判例（最判平成5年7月19日）は、遺言により法定相続分を下回る相続分を指定された共同相続人の一人が、遺産中の不動産に法定相続分に応じた共同相続登記がされたことを利用し、自己の持分権を第三者に譲渡し移転登記をしたとしても、第三者は右共同相続人の指定相続分に応じた持分を取得するにとどまると判示しており、相続分の指定がされた場合は、それによる権利の取得について登記なくして第三者に対抗することができるものとされている。

　また、③遺言において、遺産分割の方法の指定がされた場合について

177

は、判例（最判平成14年6月10日）は、遺産分割の方法の指定であると
解される「相続させる」旨の遺言がされた場合において、「相続させる」
趣旨の遺言によって不動産を取得した者は、登記なくしてその権利を第
三者に対抗することができると判示しており、遺産分割の方法の指定が
された場合は、それによる権利の取得について登記なくして第三者に対
抗することができるものとされている。

　これらの判例の考え方は、①相続分の指定や遺産分割方法の指定は相
続を原因とする包括承継であるため、現行民法177条の「第三者」に当
たらないが、②遺贈は意思表示による物権変動であって特定承継である
ことから、同条の「第三者」に当たると解しているものと考えられる[72]。

従前の考え方の不都合と改正法による解消

　もっとも、このような考え方を貫くと、相続人はいつまでも登記なく
して第三者にその所有権を対抗することができることになりかねず、法
定相続分による権利の承継があったと信頼した第三者（しかも、当該第
三者が遺言の内容を知ることは通常は不可能である）が不測の損害を被
るなど、取引の安全を害するおそれがあり、ひいては登記制度に対する
信頼が損なわれてしまうと指摘されている[73]。

　そこで、相続による権利の承継は、遺産の分割によるものかどうかに
関わらず、法定相続分を超える部分については、登記、登録その他の対
抗要件を備えなければ、債務者その他の第三者に対抗することができな
いものとされた（改正後民法899条の2第1項）。

　これにより、相続による権利の承継がされた場合において、法定相続

72　民法（相続関係）等の改正に関する中間試案の補足説明39頁
73　民法（相続関係）等の改正に関する中間試案の補足説明39頁

178

分を超える部分についてその権利を第三者に対抗するためには、対抗要件を備えることが必要となった。従前は、登記なくして第三者に対抗することができるとされていた、相続分の指定があった場合や遺産分割の方法の指定があった場合にも、今回の法改正によって、第三者との関係で対抗要件を備えなければならなくなった点に注意が必要である。

なお、今回の法改正では、相続財産が債権である場合において、法定相続分を超える債権を承継した共同相続人が、その債権にかかる遺言の内容（遺産分割により当該債権を承継した場合は、その債権にかかる遺産分割の内容）を明らかにして債務者に通知したときは、共同相続人の全員が債務者に通知をしたものとみなすものとされた（民法899条の2第2項）。

これは、譲渡人による通知等を債権譲渡の対抗要件としている債権について、相続によって法定相続分を超える割合の債権を承継した場合における受益相続人による単独での通知の方法を定めたものである。

ただし、債務者以外の第三者対抗要件を備える場合には、確定日付ある証書による通知が必要である点に留意が必要である。

Question 54

金融機関は、遺贈又は相続分の指定によって承継された預金債権の対抗要件の具備をどのように確認したらよいか。

Answer

今回の相続法改正により法定相続分を超えた権利移転には対抗要件の具備が必要となったので、相続預貯金債権の差押（特に税務署による差押）を回避するために払戻の前に第三者対抗要件を具備するニーズが高まる可能性がある。

この場合、相続預貯金債権を承継した共同相続人の一人が、金融機関に対して内容証明郵便によって通知をすることで単独で第三者対抗要件を具備できるものとされるが、その際には、別途金融機関に対して遺言又は遺産分割協議書の提示をしなければならない点に留意が必要である。

相続預貯金債権に対する第三者対抗要件具備のニーズ

これまでは、遺言において不動産が遺贈されたときは、登記がなければ第三者に対してその所有権を対抗することができないとされる一方で、遺言において相続分の指定や遺産分割の方法の指定があった場合は、登記がなくとも第三者に対してその所有権を対抗することができるとされてきた。

しかしながら通常は第三者が知ることができない遺言の内容（つまり遺贈か相続分の指定か）によって相続人が第三者対抗要件の具備を要するか否かが決定されることは、取引の安全を害するおそれがあったといえる。

そこで、今回の相続法改正においては、遺言の内容にかかわらず、相

続による権利の承継は、法定相続分を超える部分については、登記、登録その他の対抗要件を備えなければ、債務者その他の第三者に対抗することができないものとされた（改正後民法899条の2第1項）。

今回の相続法改正がなされるまでは、遺贈の場合は第三者対抗要件が必要とされていたものの、受遺者は被相続人や相続人の事情について詳しいとは限らず、相続預貯金に差押がなされる可能性が低いため、相続預貯金債権の払戻がなされる前に第三者対抗要件を具備しておく現実的な必要性はあまりなかったと考えられる。

もっとも、今回の相続法改正によって、遺贈に限らず、相続を原因とする承継の場合にも対抗要件の具備が必要とされたことから、相続預貯金債権について、払戻がなされる前に第三者対抗要件を具備しておく必要性が高まったものと考えられる（特に、被相続人が税金を滞納している場合は、税務署が相続預貯金債権に対して差押をしてくることが考えられる）[74]。

相続預貯金債権について第三者対抗要件を具備する方法

預貯金債権も債権であるため、民法467条に基づき、確定日付のある証書による、譲渡人の通知又は債務者の承諾をもって、第三者対抗要件を具備することとなる。

この点、相続を原因として承継された相続預貯金債権については、「譲渡人」に相当する被相続人は死亡しているため、その地位を包括的に承継した共同相続人「全員」による通知が必要となるが、改正後民法899条の2第2項において、共同相続人の一人が遺言や遺産分割の内容を明

74　潮見佳男ほか「改正相続法の金融実務への影響」金融法務事情2100号28頁

らかにして承継の通知をしたときは、共同相続人「全員」が通知をした
ものとみなすものとしており、単独の通知による対抗要件の具備を認め
ている。

　もっとも、債権について「第三者」対抗要件を具備するためには、単
なる通知では足りず、確定日付のある証書による通知が必要であるとこ
ろ、確定日付ある証書の典型例である内容証明郵便には、遺言や遺産分
割協議書を添付することができないため、その場合には、別途金融機関
に対して遺言や遺産分割協議書を提示する必要がある点に留意が必要で
ある[75]。

75　潮見佳男ほか「改正相続法の金融実務への影響」金融法務事情2100号28頁

第7章　相続の効力等に関する見直し

Question 55 相続により承継された義務について銀行等の債権者が権利行使する際はどのような点に注意するべきか。

Answer

今回の相続法改正において、相続債務の債権者は、遺言による相続分の指定がされた場合であっても、各共同相続人に対して、法定相続分に応じてその権利を行使することができるとされた（改正後民法902条の2本文）。

ただし、その債権者が共同相続人の一人に対してその指定された相続分に応じた債務の承継を承認したときは、この限りではないとされている。

遺言による指定があっても法定相続分に応じて権利行使が可能

遺言で相続分の指定や包括遺贈がされた場合、民法902条や民法990条においては、積極財産だけでなく、相続債務についても、積極財産と同じ割合で承継されるようにも見える。しかしながら、判例（最判平成21年3月24日）は、相続債務についての相続分の指定は、相続債権者の関与なくされたものであるから、相続債権者に対してはその効力が及ばないものと解するのが相当であると判示している。

このように、判例は、①相続債務の承継割合についてまで遺言者にこれを変更する権限を認めるのは相当でないとして、②相続分の指定等がされた場合でも、相続人は、原則として法定相続分に応じて相続債務を承継するとの考え方をとっている[76]（これは被相続人による債務の指定を

---

[76] 民法（相続関係）等の改正に関する中間試案の補足説明41頁

183

認めると、①自分が可愛がっている子供Aには事業に必要な資産を承継させて債務は承継させない一方で、②自分が可愛がっていない子供Bには債務のみを承継させることが可能であり、その結果は子供達のみならず、債権者にとっても不都合な結果となることは明らかだからである）が、従前は民法上明記されていなかった。

そこで、今回の相続法改正において、相続債務の債権者は、遺言による相続分の指定がされた場合であっても、各共同相続人に対して、法定相続分に応じてその権利を行使することができるとされた（改正後民法902条の2本文）。

ただし、その債権者が共同相続人の一人に対してその指定された相続分に応じた債務の承継を承認したときは、この限りではないとされている（改正後民法902条の2但書）。

金融機関実務との関係では、当該改正により判例の規律が明文化されたため、予測可能性がより高まったと考えられる。

第7章 相続の効力等に関する見直し

Question 56 遺言執行者がある場合の相続人の行為の効果はどうなるのか。

Answer

今回の改正において、遺言執行者がある場合において、相続人が相続財産の処分その他の遺言の執行を妨げるべき行為をしたときは、相続人がしたその行為は無効とすることを原則としつつ、ただし、これをもって善意の第三者に対抗することができないものとされた（民法1013条2項）。

従前の規定

　民法1013条（改正後は民法1013条1項）は、遺言執行者がある場合には、相続人は、相続財産の処分その他遺言の執行を妨げるべき行為をすることができないとしている。この点、判例（大判昭和5年6月16日）は、遺言執行者がある場合に相続人が相続財産についてした処分行為は絶対無効であると判示している。また、最判昭和62年4月23日は、遺言執行者がある場合に相続人が遺贈の目的物に抵当権を設定し登記をしたとしても、その抵当権設定行為は無効であり、受遺者は登記なくして抵当権者に所有権を対抗できると判示している。

　他方で、遺言において、遺贈がされた場合については、判例（最判昭和39年3月6日）は、遺贈による不動産の権利取得については、登記なくして第三者に対抗できないと判示しており、遺贈がされた場合は遺贈による権利の取得について登記がなければ第三者に対抗することができないものとされている。

　このため、遺贈がされた場合、判例によれば、遺言執行者がなければ

185

受遺者と第三者は対抗関係に立つことになるが、遺言執行者がある場合には遺贈が絶対的に優先するため、受遺者と第三者との間では対抗関係は生じないとされる[77]。

また、遺言執行者がある場合には、遺言執行者が管理する相続財産について相続人の管理処分権が排除される以上、相続人の債権者が相続財産を差し押さえることはできないと解されている[78]。

しかしながら、そうすると、遺言の存否及び内容を知り得ない第三者に不測の損害を与え、取引の安全を害するおそれがある。

改正相続法による見直し

そこで、今回の相続法改正において、遺言執行者がある場合において、相続人が相続財産の処分その他の遺言の執行を妨げるべき行為をしたときは、相続人がしたその行為は無効とすることを原則としつつ、ただし、これをもって善意の第三者に対抗することができないものとされた（改正後民法1013条2項）。なお、第三者保護要件として善意だけでなく無過失まで要求すると、第三者において遺言の有無等の調査義務を負ってしまうことになりかねないため、善意であるだけで足り、無過失までは求められないものとされた[79]。

これにより、例えば、遺言者が不動産を相続人以外の者に遺贈して死亡した後に、遺言執行者がいるにもかかわらず相続人が当該不動産を第三者に譲渡し、所有権移転登記を具備させた場合であっても、当該相続人による不動産の譲渡行為は無効となるのが原則である。このため、遺

77　山川一陽他編「相続法改正のポイントと実務への影響」228頁（日本加除出版、2018年）

78　新注釈民法（28）350頁

79　民法（相続関係）等の改正に関する中間試案の補足説明49頁

言執行者は、当該不動産を譲り受けた第三者に対して、所有権移転登記抹消請求をすることができるのが原則である。

　もっとも、改正後民法1013条2項は、これをもって善意の第三者に対抗することができないとしているため、当該第三者が善意であるときは、遺言執行者による第三者に対する所有権移転登記抹消請求は認められないこととなる。

　従前では、例えば、遺言執行者がいる場合に、相続人が遺産に属する財産を処分したとしても、当該処分行為は絶対無効とされていたが、今回の相続法改正において、当該遺産に属する財産を譲り受けた第三者が善意であれば、当該第三者はその遺産に属する財産を取得することが可能となった（なお、第三者は遺言の内容について知り得ないのが通常であることから、相続人から遺産に属する財産を譲り受けた第三者は善意である場合が多いと考えられる）。

　このため、金融機関実務との関係では、金融機関が担保権を設定した財産が、遺言執行者がいるのに相続人が担保権設定者に譲渡したものであったとしても、担保権設定者が善意であれば有効に担保権を取得できることとなった点に留意が必要である。

Question 57 遺言執行者を定める遺言がある場合に相続財産に対して差押をすることはできるか。

Answer

　今回の相続法改正において、遺言執行者がいる場合の相続人の行為の制限にかかる規定（改正後民法1013条1項、2項）は、相続人の債権者（相続債権者を含む）が相続財産についてその権利を行使することを妨げないとされている（改正後民法1013条3項）。

　これにより、例えば、遺言者が不動産を第三者に遺贈して死亡した場合において、遺言執行者がいたとしても、相続人の債権者や相続債権者は、当該不動産の差押をすることも妨げられないことが明らかとなった。

遺言執行者がいる場合に相続人の行為は制限される

　遺言執行者がある場合には、相続人は、相続財産の処分その他遺言の執行を妨げるべき行為をすることができず、これに違反した相続人の行為は無効とするのが原則とされている（改正後民法1013条1項、2項）。

　もっとも、遺言執行者がいる場合に相続人の行為に制限が設けられるのは、あくまでも遺言の執行を円滑に進めるためであって、第三者との関係では、遺言執行者がいてもいなくても、相続の開始によって相続人の下に権利が移転していると考えられるからである。

　このため、今回の相続法改正において、遺言執行者がいる場合の相続人の行為の制限にかかる規定（改正後民法1013条1項、2項）は、相続人の債権者（相続債権者を含む）が相続財産についてその権利を行使することを妨げないとされている（改正後民法1013条3項）。

第7章　相続の効力等に関する見直し

　これにより、例えば、遺言者が不動産を第三者に遺贈して死亡した場合において、遺言執行者がいたとしても、相続人の債権者や相続債権者は、当該不動産の差押をすることも妨げられないことが明らかとなった。

　金融機関実務との関係では、今回の法改正により、相続人の債権者である金融機関において、遺言執行者が定められた遺言があった場合であっても、相続財産に対して差押ができることが明確となった。また、金融機関が相続債権者であっても、遺言執行者が定められた遺言があった場合であっても、相続財産に対して差押ができることが明確となった。

189

第8章　相続人以外の者の貢献を
　　　考慮するための方策

Question 58

被相続人に対する「特別の寄与」とは何か。

Answer

今回の相続法改正により、被相続人に対して無償で療養看護その他の労務の提供をしたことにより被相続人の財産の維持又は増加について特別の寄与をした被相続人の親族は、相続の開始後、相続人に対し、特別寄与者の寄与に応じた額の金銭の支払を請求することができるものとされた（改正後民法1050条）。

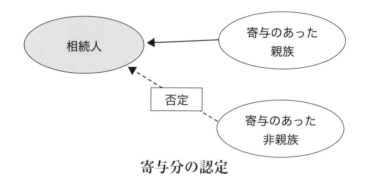

寄与分の認定

　寄与分（つまり、相続財産の増加・減少の防止等に関する関係者の貢献度合に基づく精算）は、相続人にのみ認められているため、例えば、相続人の妻が夫の父である被相続人の療養看護に長年にわたって努め、療養看護を外注した場合に要する費用が節減されることとなり、被相続人の財産の維持または増加に寄与したと認められる場合であっても、相続人の妻は相続人でない以上、遺産分割の分配を請求したりすることは

第8章　相続人以外の者の貢献を考慮するための方策

できない[80]。

　しかし、このような結果が社会的な正義に適っているかは議論の分かれるところである（相続人の妻が可哀想だから寄与分は当然に認めるべきだからという意見もあろうが、逆に相続人の妻はそれが嫌なら面倒を見る前に、相続人に面倒を見るよう要請するべきだとの意見もあろう）。他方で、面倒を見た者に寄与分をとにかく認めるべきだとの議論もあろうが、そのような結果を認めることは愛人等の親族以外の者による関与を引き起こし、無用なトラブルを引き起こすことも考えられる。

「特別の寄与」の創設

　そこで、改正後民法の第9章として、「特別の寄与」が設けられた。
　具体的には、被相続人に対して無償で療養看護その他の労務の提供をしたことにより被相続人の財産の維持又は増加について特別の寄与をした被相続人の親族（特別寄与者）は、相続の開始後、相続人に対し、特別寄与者の寄与に応じた額の金銭（特別寄与料）の支払を請求することができるものとされた（改正後民法1050条）。
　もっとも、特別寄与料の額は、被相続人が相続開始のときにおいて有した財産の価額から遺贈の価額を控除した残額を超えることができないものとされている。
　金融機関実務との関係では、当該改正によって相続人以外にも特別寄与料が請求できる者が増えたため、相続人の具体的な相続分が減少する可能性がある点に留意すべきであると考えられる。

80　民法（相続関係）等の改正に関する中間試案の補足説明80頁

Question 59 特別寄与者は相続預金の払戻請求をすることができるか。

Answer

　特別寄与者は相続人ではなく、相続預金を被相続人から承継することはないため、特別寄与料を相続人から回収するために相続人が相続した相続預金に対して差押をする等の特段の事情がない限り、特別寄与者が相続預金の払戻請求をすることは考えにくい。

特別寄与者＝相続人ではない

　相続人以外の親族が、被相続人の療養看護等を行った場合に認められることとなった「特別の寄与」は、相続の開始後、相続人に対し金銭の支払を要求することができる権利である。相続人が数人あるときは、各相続人は法定相続分に応じて特別寄与料を負担するものとされる。

　「特別の寄与」の金額は、特別寄与者の寄与に応じた金額とされ、当該金額について当事者間で協議が調わないときや協議をすることができないときは、特別寄与者は家庭裁判所に対して協議に代わる処分を請求することができるとされる。

　このように、特別寄与者は、本制度によって相続人に対して特別寄与料の債権を有するものとされるのであって、相続人となるわけではない点に留意が必要である。これは、遺産分割の手続が過度に複雑にならないように、遺産分割については改正前と同様に相続人だけで行うこととしたためである。

　このため、特別寄与者は相続人ではなく、相続預金を被相続人から承

継することはないため、特別寄与料を相続人から回収するために相続人が相続した相続預金に対して差押をする等の特段の事情がない限り、特別寄与者が相続預金の払戻請求をすることは考えにくい。

編著者プロフィール

柴原　多（しばはら　まさる）

西村あさひ法律事務所・パートナー弁護士
慶應義塾大学法学部卒業
東京弁護士会所属

【主な職歴等】

1999年、弁護士登録。同年より現在まで、西村あさひ法律事務所勤務。M&A案件、訴訟案件、事業再生案件等を担当。2008年より2014年まで慶應義塾大学湘南藤沢キャンパス非常勤講師。

【主な著書・論文等】

「大企業・中小企業向け事業承継のチェックポイントと紛争解決〜家庭内マグマを抑える方法〜」（経営調査研究会、2018年）、「過渡期における与信管理の留意点」（Website「法と経済のジャーナル Asahi Judiciary」、2018年）、「相続法制改正のポイントと銀行実務」（銀行実務 2018年7月号、2018年）

俣野紘平（またの　こうへい）

西村あさひ法律事務所・弁護士
東京大学法学部卒業、東京大学法科大学院修了
第二東京弁護士会所属

【主な職歴等】

2009年、弁護士登録。2010年より現在まで、西村あさひ法律事務所勤務。M&A案件、訴訟案件、事業再生案件、医療・ヘルスケア案件、親族・相続案件等を担当。2013年、東京大学法科大学院非常勤講師。

【主な著書・論文・セミナー等】

「医療法人・病院の事業承継・M&A実務講座」（総合ユニコム、2017年）、「金融機関の法務対策5000講V」（共著）（金融財政事情研究会、2018年）、「相続法制改正のポイントと銀行実務」（銀行実務 2018年7月号、2018年）

相続法改正と銀行実務Q&A
～変わる相続・事業承継の仕組みと実務～〈検印省略〉

2018年12月17日　初版発行
　1刷　2018年12月17日

編 著 者	柴 原 　 多
	俣 野 紘 平
発 行 者	星 野 広 友
発 行 所	株式会社銀行研修社

東京都豊島区北大塚3丁目10番5号
電話　東京03(3949)4101　（代表）
振替　00120-4-8604番
郵便番号　〒170-8640

印刷／株式会社木元省美堂
製本／株式会社常川製本
落丁・乱丁本はおとりかえ致します。ISBN978-4-7657-4590-1　C2032
2018 ©柴原多／俣野紘平 Printed in Japan　無断複写複製を禁じます。
　　　　　★　定価はカバーに表示してあります。

謹告　本書掲載記事の全部または一部の複写、複製、
転記載および磁気または光記録媒体への入力等は法律
で禁じられています。これらの許諾については弊社・
秘書室（TEL03-3949-4150直通）までご照会下さい。

銀行研修社の好評図書ご案内

マイナンバー利用本格化で変わる金融取引

A 5 判・並製・208頁
定価：1,852円＋税
ISBN978-4-7657-4562-8

野村総合研究所 梅屋真一郎 著

顧客からの代表的な質問事例とその回答をまとめて掲載したほか、制度の利用から課税関係まであらゆる項目を網羅しました。金融取引とマイナンバーの関係全てを明らかにする、営業店担当者必携の一冊です。

民法改正と金融実務Q＆A

A 5 判・並製・208頁
定価：1,759円＋税
ISBN978-4-7657-4553-6

岩田合同法律事務所 編著

民法の大改正について金融実務のジャンル別に変更点を解説しているので、実際に携わっている業務への影響を理解するのに役立ちます。営業店担当者向けに改正ポイントをQ＆Aでまとめた実務参考書です。

国際金融都市・東京構想の全貌

A 5 判・並製・256頁
定価：2,037円＋税
ISBN978-4-7657-4561-1

小池百合子／安東泰志／大崎貞和／須田徹／国際資産運用センター推進機構
日本投資顧問業協会／山岡浩巳／島田晴雄／渥美坂井法律・外国法共同事業

小池都知事をはじめとする、本構想に関与してきたメンバー自らが「東京構想」の全貌を語った、金融ビジネスの将来ビジョンに関心のある全ての方々にとって大いに参考となる一冊です。

女性営業渉外の育成法

A 5 判・並製・160頁
定価：1,574円＋税
ISBN978-4-7657-4552-9

三菱ＵＦＪリサーチ＆コンサルティング㈱ 川井 栄一／植月 彩織 著

支店長研修・女性行職員研修等を行う著者が、実際に研修会の場で拾い集めた「女性部下育成の悩み」「女性の営業渉外業務への不安」に対する解消法をまとめました。女性の営業力を上手に引き出すための着眼点が満載です。

ソリューション営業のすすめ方

A 5 判・並製・192頁
定価：1,759円＋税
ISBN978-4-7657-4551-2

竹内 心作 著

ソリューション提案・提供による担当者と取引先企業の信頼関係向上、課題解決による企業活動の活性化、資金需要の増加を実現する上での第一歩となる「ソリューション営業」のノウハウを極力分かりやすく解説しました。他金融機関の担当者との「差別化」を実現するための一冊です。

生命保険有効活用提案シート集

B 5 判・並製・176頁
定価：2,222円＋税
ISBN978-4-7657-4558-1

辻・本郷 税理士法人／MC税理士法人／アクタス税理士法人編著

個人・法人（オーナー）が抱える課題解決ニーズを切り口とした保険商品や制度の解説と併せて、実際の商談時に利用できる「提案書例」を74ケースに掲載しています。日常の営業活動に即役立てられる、実務のための一冊です。

地銀・信金のための M＆Aによる顧客開拓

A 5 判・並製・272頁
定価：2,222円＋税
ISBN978-4-7657-4490-4

湊 雄二 著

本書は地域金融機関がM＆A業務を推進し、顧客開拓を図る際の具体的な実務指針となることを目的に、事業承継型M＆Aを円滑に進めるための具体的実務の要点を解説しました。難解な用語や表現を用いない具体的かつ平易な解説は、法人営業のベテランから若手までが使えるM＆A業務必携といえます。

第二版 これで完璧相続実務

A 5 判・並製・424頁
定価：2,593円＋税
ISBN978-4-7657-4557-4

瀬戸 祐典 著

本書は営業店に持ち込まれる頻出事例を抽出し、実務対応のポイントを分かりやすく解説した相続実務の決定版です。第二版では、預貯金を遺産分割の対象とする最新判例および「法定相続情報証明制度」開始で大きく変わる実務に対応できるよう、解説・事例を追加し全面見直しを行いました。

▶最寄の書店で品切れの際は、小社へ直接お申込ください。

銀行研修社の好評図書ご案内

第二版 融資業務超入門

久田 友彦 著

A5判・並製・276頁
定価：2,095円＋税
ISBN978-4-7657-4268-9

本書は融資業務の最も重要な点を、最も平易に解説した、まさしく"超"入門書です。融資・渉外の初心者はもちろん、役席・中堅クラスには指導手引書として欠かせない1冊です。

第二版 中小企業財務の見方超入門

久田 友彦 著

A5判・並製・278頁
定価：2,000円＋税
ISBN978-4-7657-4240-5

本書は金融機関の渉外担当者が"まず、知っておかなければならない"中小企業の財務の見方のノウハウを示した基本書です。

第三版 融資業務180基礎知識

融資業務研究会 編

A5判・並製・352頁
定価：2,300円＋税
ISBN978-4-7657-4339-6

本書は、融資業務の遂行にあたって必要な必須知識を融資の5原則から与信判断、貸付実行、事後管理に至るまで体系的にまとめ、渉外・融資担当者が必要なときに即検索できるよう項目ごとに編集しました。特に初めて融資業務に携わる方には必携といえる1冊です。

融資担当者のキャリアアップのための 融資審査演習教本

石原 泰弘 編著

B5判・並製・232頁
定価：2,300円＋税
ISBN978-4-7657-4330-3

本書は、融資申込から与信判断までの事例を取り上げ、実践的な審査の応用力を身に付けることができます。融資担当者、役席者の融資判断パワーアップ養成に最適な書です。

第二版 最新 図版・イラストでみる決算書分析ABC

新日本監査法人 著

A5判・並製・304頁
定価：2,095円＋税
ISBN978-4-7657-4237-5

決算書の勘定科目数字は企業の財務状況のほか、企業自体の業況を表しています。本書は、決算書がまったくわからない初心者にもすぐ活用できるように、100の勘定科目のしくみと見方を解説し、決算書分析の勘どころをまとめました。

第二版 最新 図版・イラストでみる財務分析ABC

和井内 清 著／山坂 サダオ 絵

A5判・並製・304頁
定価：2,000円＋税
ISBN978-4-7657-4120-6

与信判断に欠かせない財務分析の比率や算式を体系的に学習できるよう構成した基本書です。「最新版」への改訂では、企業の実態判断をする際に特に重要になっている「キャッシュフロー分析」に関する財務諸表につき新章を設けて詳しく解説しました。これからの財務分析能力習得のための決定版として、お勧めいたします。

第二版 図解 超わかるキャッシュフロー

都井 清史 著

A5判・並製・224頁
定価：1,900円＋税
ISBN978-4-7657-4310-5

本書は、初版同様、図表をふんだんに用い、キャッシュ・フローをはじめて学ぶ人を対象にわかりやすくまとめた、格好の入門書です。

融資渉外に強くなる法律知識

大平 正 編著

A5判・並製・320頁
定価：2,300円＋税
ISBN978-4-7657-4380-8

融資を増やし、融資後の債権管理を的確に行うには、融資に関する法律知識を習得することが必須です。本書は、取引先から信頼される担当者となるために必要な法律知識を、簡単に検索できるよう項目別に整理しやすく解説した、融資渉外担当者の基本必携書です。

▶最寄の書店で品切れの際は、小社へ直接お申込ください。

銀行研修社の好評図書ご案内

ベテラン融資マンの事業性評価

寺岡 雅顕／樽谷 祐一／加藤 元弘 著

A5判・並製・160頁
定価：1,574円＋税
ISBN978-4-7657-4559-8

本書は、「事業を理解することで良質な融資を積み上げ、地域経済に貢献する」という本来の目的に沿う事業性評価（理解）とはどのように行うものなのか、長年金融機関の融資現場で活躍してきた著者が詳しく解説した、融資取引に携わる全担当者にとっての必読書です。

事業性評価につながる ベテラン融資マンの渉外術

寺岡 雅顕／楫野 哲彦／樽谷 祐一 共著

A5判・並製・240頁
定価：2,130円＋税
ISBN978-4-7657-4541-3

渉外活動に求められる「基礎」「決算書速読」「訪問時の観察」「課題把握」等の実務のすべてを学ぶことができます。元大手地銀融資渉外のベテランが、事業性評価に向けた渉外活動を実現するためのノウハウを分かりやすく記述した1冊です。

融資のイロハを分かりやすく手ほどき ベテラン融資マンの知恵袋

寺岡 雅顕 著

A5判・並製・256頁
定価：2,200円＋税
ISBN978-4-7657-4422-5

本書は、永年地域金融機関の融資の第一線で活躍してきた"ベテラン融資マン"が、初めて融資に携わる方を対象に、「これさえ読めばとりあえず融資の実務で困らない」基礎知識を易しく解説した、融資の入門書としての決定版です。

企 業 観 相 術

依馬 安邦 著

A5判・並製・208頁
定価：1,809円＋税
ISBN978-4-7657-4272-6

財務データや書類だけにとらわれず、担当者自身の五感を活用することによって企業の真の姿を見極め、的確な信用判定につなぐ力が身につく、融資担当者必携の書です。

事例にみる 融資ネタ発見の着眼点

林 弘明／石田 泰一 著

A5判・並製・164頁
定価：1,759円＋税
ISBN978-4-7657-4449-2

現在の資金需要不足の環境における担当者の経験不足に鑑み、長年実務に携わった融資のプロが手掛けた案件をパターン化し、ケーススタディで解説しました。本書により、案件化の実践手法が身に付き、パターンの応用で融資セールスの実績向上が狙えます。

第二版 保証協会保証付融資取扱Q＆A

全国信用保証協会連合会 編著

A5判・並製・304頁
定価：2,222円＋税
ISBN978-4-7657-4531-4

基本的な信用保証制度の内容、実務上押さえるべき必須事項をQ＆A式で1冊に集大成しました。初版刊行より改定された保証制度・新保証制度等を網羅した、営業店融資・渉外担当者の実務必携書です。

第五版 貸出稟議書の作り方と見方

銀行研修社 編

A5判・並製・248頁
定価：2,200円＋税
ISBN978-4-7657-4365-5

①貸出案件の採上げから貸出実行まで実務処理に即しての留意点、②稟議項目および稟議書付属書類の具体的作成方法、③稟議書の実際例から「良い稟議書」の記述方法、④貸出稟議書を通して的確に判断できる「技」と「眼」を養成する記載内容のチェック方法等について、基礎から実践レベルまでの内容を解説した基本書です。

第十一版 決算書読破術

齋藤 幸司 著

A5判・並製・268頁
定価：2,190円＋税
ISBN978-4-7657-4234-4

本書は、多数の企業の決算処理を受け持っている著者が、決算書を素材に具体例を挙げ、易しく解説した1冊です。研修テキストや初心者の入門書・ベテランの復習におすすめです。

▶最寄の書店で品切れの際は、小社へ直接お申込ください。